Copyright © 2014
BABALÒRÌṢÁ MAURO T'ÒSÚN

EDITORAS
Cristina Fernandes Warth
Mariana Warth

COORDENAÇÃO EDITORIAL
Livia Cabrini

COORDENAÇÃO GRÁFICA,
DIAGRAMAÇÃO E CAPA
Aron Balmas

REVISÃO
Suelen Lopes

PREPARAÇÃO DE ORIGINAIS
Eneida D. Gaspar

ILUSTRAÇÕES
Victor Tavares

FOTOS
Vitor Vogel

Este livro segue as novas regras do Acordo Ortográfico da Língua Portuguesa.

Todos os direitos reservados à Pallas Editora e Distribuidora Ltda.
É vedada a reprodução por qualquer meio mecânico, eletrônico, xerográfico etc.,
sem a permissão por escrito da editora, de parte ou totalidade do material escrito.

CIP-BRASIL. CATALOGAÇÃO-NA-FONTE
SINDICATO NACIONAL DOS EDITORES DE LIVROS, RJ

T657i

T'Òsún, Babalòrìṣá Mauro
  Irín Tité : ferramentas sagradas dos orixás / Babalòrìṣá Mauro T'Òsún ;
[ilustrações Victor Tavares]. - 1. ed. - Rio de Janeiro : Pallas, 2014.

322 p. : il. ; 21 cm.

ISBN 978-85-347-0516-5

1. Candomblé. 2. Orixás. I. Título.

14-10212

CDD: 299.6
CDU: 299.6

Pallas Editora e Distribuidora Ltda.
Rua Frederico de Albuquerque, 56 – Higienópolis
CEP 21050-840 – Rio de Janeiro – RJ
Tel./fax: 21 2270-0186
www.pallaseditora.com.br
pallas@pallaseditora.com.br

BABALÒRÌṢÁ MAURO T'ÒSÚN

IRÍN TITÈ

Pallas

Rio de Janeiro, 2014

FERRAMENTAS SAGRADAS DOS ORIXÁS

Dedico esta obra a todos os meus Àgbás, em especial a Waldemiro Costa Pinto, "Pai Baiano" (*in memoriam*), que foi incansável em sua jornada no Ayé, e também em ajudar a todos que buscavam a evolução e o crescimento no culto aos orixás. Fica aqui também a minha enorme gratidão àquela que sobrevive às adversidades e vicissitudes que a vida sempre nos impõe, mas que soube, com a ajuda de Òsún, sobrepujá-las com vigor em prol do bem estar de todos aqueles que se abrigavam sob sua égide: Iyálòrìsá Léa de Opará, "Mãe Monaluadè"; e ao seu filho, o homem que me iniciou nos segredos dos orixás, Babalòrìsá Antônio Carlos de Òsún (Dialundè).

A sabedoria não nos é dada. É preciso descobri-la por nós mesmos, depois de uma viagem que ninguém nos pode poupar ou fazer por nós.

Marcel Proust

SUMÁRIO

11	**APRESENTAÇÃO**	58	Aro Ògún
		60	Èwòn Irín
13	**PREFÁCIO**	63	**IRÍN ÒSÓÒSI**
15	**DO MITO AO RITO**	64	Idé Òsóòsi
		66	Ofá
17	**INTRODUÇÃO**	68	Odémóta
		70	Aro Òsóòsi
19	**IRÍN ÈSÙ**	72	Opárolè
20	Edan Èsù	74	Irín Danadana
22	Ikó Èsù	76	Irín Akueràn
24	Aro Èsù	78	Irín Onisewè
26	Dojé Èsù	80	Irín Igbò
28	Idé Èsù	82	Opá Erínlé
		84	Irín Karè
31	**IRÍN ÒGÚN**	86	Irín Onikolè
32	Mariwo Ògún	88	Irín Onisangbò
34	Asofá Ògún	90	Irín Lagburè
36	Okutá Ògún	92	Irín Ajainpapò
38	Irín Onirè	94	Irín Aganà
40	Akorò Ògún	96	Irín Gbayrá
42	Agogomirò	98	Ikó Onilé
44	Alákòrò	100	Ofá Karè
46	Kalakolú	102	Gbojutó Erinlé
48	Gàn	104	Opaoká
50	Irín Alagbedé		
52	Sabá Ògún	107	**IRÍN IYAGBÁ OTIN**
54	Opá Makindè	108	Irín Otin
56	Idá Ògún	110	Ofá Otin
		112	Idé Otin

114	Ikó Otin		186	Akuagba Òsún
116	Aro Otin		188	Ógigí Ypondá
119	**IRÍN FAMÍLIA KEREJÉBÌ**		190	Edan Opará
			192	Èwòn Òsún
			194	Opa Òsún
120	Ikó		196	Egan Ijímun
122	Irín Arawe			
124	Irín Jagun		199	**IRÍN ÒBÁ**
126	Ikó Afomón		200	Onigbejá Òbá
128	Ikó Sóponón		202	Idá Òbá
130	Idá Jagun		204	Èwòn Òbá
132	Irín Osumarè		206	Alóvi Òbá
134	Ikó Jagun		208	Okutá Idá
136	Aro Jagun			
138	Irín Dan		211	**IRÍN IYEWÁ**
140	Takará		212	Adó Arakolé
142	Opa Osaniyn		214	Idá Iyewá
144	Ibódan		216	Dan Iyewá
146	Opa Ìrokò		218	Ikó Iyewá
148	Irín Alè		220	Idé Iyewá
150	Opa Agé		222	Keréwú Iyewá
152	Opa Ogé		224	Aro Iyewá
154	Opa Ògá		226	Èwòn Iyewá
156	Òrò Injènà			
158	Irín Igí Esá ou Víyvíy		229	**IRÍN OYÁ**
			230	Dojé Oyá
161	**IRÍN LOGUN EDÉ**		232	Èwòn Oyá
162	Alagorò Logun Edé			
164	Gbojutó Logun Edé		235	**IRÍN YEMOJA**
166	Idé Logun Edé		236	Èwòn Ògúnté
168	Aro Logun edé e Erinlé		238	Èwòn Yemoja
170	Abebé Logun Edé		240	Idá Ògúnté
172	Èwòn Logun Edé		242	Abebé Osupá
175	**IRÍN ÒSÚN**		245	**IRÍN OLOKÙN**
176	Aro Òsún		246	Edan Olokùn com Akarò e Samugagawa
178	Kondò Òsún			
180	Idé Òsún			
182	Abebé Òsún		248	Ókó Olokùn
184	Adaga Òsún		250	Èwòn Olokùn
			252	Erékés Olokùn

255	**IRÍN SÀNGÓ**
256	Kasóngá
258	Osè Sàngó
260	Kasagbó
262	Obarejá
264	Irín Aganjú
266	Sérè Sàngó
269	**IRÍN AYRÁ**
270	Iyá Mama
272	Lupíto
274	Osè Iwó Agutan
276	Ibó Ayrá
279	**IRÍN ÒRÌSÁS FUNFUN**
280	Pòvarí Ogiyón
282	Owò odò Ogiyón
284	Èwòn Ogiyón
286	Edan Òrìsá Òkò
288	Irín Òrìsá Òkò
290	Owò Oká òrìsalá
292	Odò Òrun òrìsalá
294	Eyé Orun Óòsáálá
296	Ógigí Epejá
298	Ilè Darebò
300	Odò Oje
302	Èwòn Óòsáálá
304	Agògò Oduduwa
306	Irín Oduduwa
308	Èwòn Oduduwa
310	Òpásòrò
312	Abebé Óòsáálá
315	**CONSIDERAÇÕES GERAIS**
317	**AGRADECIMENTOS**
319	**GLOSSÁRIO**
321	**BIBLIOGRAFIA**

APRESENTAÇÃO

Esta obra é um convite instigante a mergulhar no profundo abissal da história junto a este homem pré-histórico contemporâneo, **Babalòrìṣá Mauro T'Òsún**, prolífico e curioso investigador, empreendedor na arte de pensar e elucidar a nossa identidade ancestral africana.

Descendente *gêge, ketu*, generosamente corrige a incompetência da América católica, dedicando anos de sua vida à pesquisa, semeando conhecimento, fertilizando todos nós, omorisás estudiosos, historiadores, cultuadores. Desperta a consciência da tradição e continuidade da vasta cultura yorùbá; intensifica a relação em desvendar o caos, a confusão dos elementos antes da criação do Universo. *Irín Tité* nos revela a esfinge decifra-me ou devoro-te.

Teus signos e símbolos mostram a importância deste resgate da literatura brasileira na informação do aprendizado.

Esclarece um ícone, sendo seu objeto dinâmico em virtude de sua natureza interna. A semiótica, disciplina específica, aperfeiçoa neste precioso livro o sagrado mítico dos òrìṣás, traz a força da forja do conhecimento em ouvir o galo (*oluò*) cantar, e saber de onde vem seu canto.

Monica Millet
(*Iyá Ejégbé Ilè Omin Asé Iyámassè*)

PREFÁCIO

A relação Ayé-Òrun é o cenário do sagrado, vivenciado entre energias que compõem o Todo. Ayé dá razão instrumental, *performance*, materializada pelo profano. Òrun dá razão vital, energia do sagrado, profetizado pelo Cosmo, na configuração de domínio dos quatros elementos que compõem as forças da natureza no mover-se de encantamentos que permeiam o universo dos orixás, definindo as diretrizes que veiculam no simbólico dos elementos representantes do elo de ligação entre as divindades e os iniciados, já que esses elementos estão imbuídos de energia vital, de àsé, àsé do orixá.

O movimento dos orixás canta harmonia, encanta o equilíbrio dos seres, vislumbra a unicidade-multiplicidade de significados de tantos pareceres enunciados por Ifá. Esgotam-se as possibilidades de quereres que transcendem realidades existenciais na sinfonia das deidades africanas.

A conexão unidade-multiplicidade pode parecer paradoxal, contudo, exprime o elo de ligação Òrun-Ayé em uma linguagem mítica precisa.

O Babalòrìsá Mauro T'Òsún, com a maestria que lhe é peculiar, vem abrilhantar a cultura africana com seu livro, *Irín Tité: ferramentas sagradas dos orixás*, que encanta e conta, por meio de textos e de ilustrações, os símbolos de representação dos orixás. Transformar o caos cotidiano em Cosmo, em uma leitura de profusão de detalhes, está inserido na simbologia das ferramentas sagradas e na destreza do autor ao abordar com encantamento e leveza o tema da visão mítica do panteão africano.

Ferramentas sagradas caracterizam as manifestações sacralizadas dos orixás ao transpor os umbrais do infinito, rasgando dimensões estabelecidas pelas categorias temporais e ilusórias.

Mauro T'Òsún reúne em si fé, amor e respeito, ao lidar com o mundo dos orixás, pilares essenciais de tradição na religiosidade iorubá.

Um livro para ser lido por iniciados, estudiosos, acadêmicos, pesquisadores. Leitura prazerosa que descortina horizontes do conhecimento.

Parabéns ao Ilè Alakétu Àṣé Òṣún Ìyàmi Ypondá, Babalòrìṣá Mauro T'Òsún, Àṣé!

Profª. Gilda Conceição Silva Gomes

Antropóloga, graduada em Filosofia – UCSAL com complementação curricular em História – UFB, pós-graduada em Antropologia, História e Filosofia – PUC-MG

DO MITO AO RITO

O saber é direito de todos. Esta máxima já havia sido defendida desde a era pré-cristã por Sócrates na Grécia. Não se pode guardar o conhecimento dentro de um cofre e condená-lo ao esquecimento. Atento a este desafio, o Babalòrìṣá Mauro T'Òsún lança o livro *Irín Tité: ferramentas sagradas dos orixás*.

Babalòrìṣá Mauro T'Òsún é fluminense e nesta terra, em que o àṣé transpira sua força em zênite, se fez o homem; o iyawó é hoje o babalòrìṣá. Homem de consciência social, de olhar dócil para as comunidades carentes, também se tornou grande pesquisador das raízes e tradições antigas do candomblé. E como fruto desse impulso pesquisador nasce o escritor Mauro T'Òsún.

Com olhar crítico, bebendo dos métodos mais ortodoxos da Antropologia, Mauro T'Òsún trabalha seu livro aos níveis da obra de Mircea Eliade e Pierre Verger, este último constante referência em sua obra.

A obra *Irín Tité* vem reforçar a presença da literatura sobre o candomblé na comunidade das letras. Além da impecável técnica, o livro apresenta explicações que vão além da pragmática, passando do mito ao rito, uma clássica referência à obra de Mircea Eliade. Um exemplo é como Mauro T'Òsún discorre do porquê ao para quê da forma de se montar um igbá. Tudo tem sua origem na referência do mito para um fim no rito.

Queira Olorun que esta obra de Mauro T'Òsún seja a primeira de muitas outras. Precisamos de homens e mulheres das letras para perpetuar a doutrina e o conhecimento da religião dos orixás. Faz-se mister que o conhecimento seja tratado pela razão e a fé, unidas na construção das bases do homem religioso. Babalòrìṣá Mauro T'Òsún faz muito bem este diálogo em seu livro. Reflexo de seu ser. Homem do pensamento e da fé.

Babalòrìṣá Hermes Kaziònidajó
Prof. Dr. Hermes Ailton de Abreu Fernandes - Antropólogo

INTRODUÇÃO

Irín Tité: ferramentas sagradas dos orixás nasceu do desejo de discorrer sobre um assunto até então pouco explorado pela bibliografia do candomblé. Pesquisando autores e livros matrizes da cultura afro-brasileira, tais como as obras de Pierre Verger e Juana Elbein – para citar aqui apenas parte de minha busca –, atentei ao fato de que a literatura candomblecista tem alcançado grande prestígio na comunidade das letras, levando-se em conta a produção escrita das últimas décadas. Entretanto, apesar do interesse crescente pelas culturas de raiz africana, interesse despertado certamente pelas políticas públicas de conscientização promovidas nos últimos vinte anos, há muito ainda a se fazer em prol da comunidade afrodescendente, tornando-se a promoção de sua esfera cultural um item a ser posto em evidência. Fazendo um levantamento bibliográfico em livros e sites da internet, dei-me conta de que muito já se publicou sobre cantigas de orixás, ebós, técnicas divinatórias, mitologia, antropologia, história etc., mas que pouquíssimo ou quase nada foi dito sobre os ferros sagrados que compõem as ferramentas dos santos, elementos indispensáveis para o encantamento das deidades africanas.

Concebido a partir do desejo de suprir uma carência da literatura sobre as religiões afro-brasileiras, este livro apresenta, de forma bastante prática, por meio de textos e de ilustrações, as ferramentas principais de todos os orixás, respeitando a ordem de xirê. De Exu a Oxalá, são expostas desde peças maiores até aquelas menores, igualmente importantes na montagem dos assentamentos dos orixás. De todas as divindades que compõem o panteão iorubano, apenas Nanã é excluída, devido ao fato de não aceitar metais em seus igbás.

Igbás e ojúbós, ambos compostos com ferros específicos de cada santo, são compreendidos pelas casas de candomblé como elos indispensáveis para a ligação entre as divindades e os iniciados. A partir de rituais acompanhados de cânticos e de rezas, os receptáculos adquirem o axé dos orixás, vinculando-se para sempre a uma determinada energia. É, pois, nos assentamentos onde reside a força dos orixás, encantados que são pelos elementos que os compõem. Este livro trata especificamente da temática dos ferros sagrados, não discorrendo sobre outros objetos tão importantes quanto os ferros na montagem dos igbás, tais como okutás, búzios e favas. Diante da precariedade da literatura sobre as ferramentas sagradas, eis um livro que, de forma simples e direta, vem enriquecer a bibliografia sobre a cultura religiosa afro-brasileira.

Babalòrìsá Mauro T'Òsún

IRÍN ÈSÙ

EDAN ÈS̲Ù

Boneco utilizado nos ojúbós de Ès̲ù individual dos omòris̲á.

Confeccionado em ferro.

IRÍN TITÉ | FERRAMENTAS SAGRADAS DOS ORIXÁS

IKÓ ÈSÙ

Lança do òrìṣá Èṣù, largamente utilizada em seus ojúbós.

Confeccionada em ferro, é besuntada com Èpò pupá (azeite de dendê) e posteriormente moqueada (queimada) em fogueira. Na sequência será imersa no omièró das èwè (ervas).

Nesta simbologia, percebemos a sinalização espiritual de que o poder estaria acima da terra. Entre outros significados, podemos assinalar o poder de defesa, pois a ferramenta serviria como arma.

ARO ÈSÙ

Aro de pescoço do òrìṣá Èṣù. Adorno utilizado desde o recolhimento à sua cabana até a saída pública.

Sua simbologia está implícita no que diz respeito à força de Ògún dentro do culto a Èṣù, de quem poderemos ver mais à frente, nesta obra, o acorrentamento dos pés. O aro representa uma forma de doutrinar a deidade Èṣù para a sua inserção em um processo iniciático, evitando-se uma possível rebelião do òrìṣá no ariaṣé ou sua aparição em público.

Confeccionado em ferro, é besuntado com Èpò pupá (azeite de dendê) e posteriormente moqueado (queimado) em fogueira. Na sequência será imerso no omièró das èwè (ervas).

IRÍN TITÉ | FERRAMENTAS SAGRADAS DOS ORIXÁS

DOJÉ ÈSÙ

Uma espécie de foicinho largamente utilizado em seus ojúbós e como ferramenta de mão nas aparições em público.

Confeccionado em ferro, é besuntado com Èpò pupá (azeite de dendê) e posteriormente moqueado (queimado) em fogueira. Na sequência será imerso no omièró das èwè (ervas).

Nesta simbologia, diferentemente do facão, o foicinho Èsù golpearia e traria até os seus pés as presas perseguidas, sejam elas a vida ou situações que nos acometem diariamente.

IDÊ ÈSÙ

Adorno do òrìṣá Èṣù, largamente utilizado em seus ojúbós.

Confeccionado em ferro, é besuntado com Èpò pupá (azeite de dendê) e posteriormente moqueado (queimado) em fogueira. Na sequência será imerso no omièró das èwè (ervas).

Nesta simbologia, percebemos a sinalização espiritual não só de enfeite, mas também de aprisionamento desta deidade.

Não podemos deixar de nos reportar principalmente à espiralidade, símbolo maior de crescimento e evolução do òrìṣá Èṣù: por isso a forma contorcida desta peça.

IRÍN ÒGÚN

MARIWO ÒGÚN

Arco de ferramentas forjadas pelo òrìṣá Ògún, considerado o ferramenteiro de todas as deidades do panteão africano. Podemos considerar o arco como o "expositor" de suas ferramentas, que poderão ser em número de 7, 14 ou 21 peças, em sua maioria ligadas à agricultura.

Peça obrigatoriamente utilizada em seus ojúbós, é confeccionada em metal dourado ou em ferro. Besuntada com Èpò pupá (azeite de dendê) e waji (pó sagrado de cor azul), é posteriormente moqueada (queimada) em fogueira. Na sequência será imersa no omièró das èwè (erva macerada com vinho de palma).

Existe no panteão africano uma èwè altamente sagrada, específica do òrìṣá Ògún, que, junto à bebida sagrada de nome Emú (vinho de palma), é manuseada para efetivamente encantar os ferros deste òrìṣá.

Esta mesma ferramenta é emprestada a outros òrìṣás em seus assentamentos, a saber: Ajagunà Bitiò, Òkò, Odé Aganà, Yemoja, Èṣù, Òṣún e um dos caminhos de Logun Edé. Será então confeccionada em ferro, metal dourado, acobreado ou prateado, variando de acordo com cada òrìṣá.

AṢOFÁ ÒGÚN

Nesta ferramenta, percebemos a associação da caça e da agricultura em uma única peça, o que confirma que os mitos justificam os ritos e que Òṣóòssi e Ògún caminham lado a lado.

Utilizada em seus ojúbós, é confeccionada em metal dourado ou em ferro. Besuntada com Èpò pupá (azeite de dendê) e waji (pó sagrado de cor azul), é posteriormente moqueada (queimada) em fogueira. Na sequência será imersa no omièró das èwè (erva macerada com vinho de palma).

Esta mesma ferramenta é emprestada a outros òrìsás em seus assentamentos, a saber: Òkò, Odé Aganà, Òṣóòsi, Òsún e um dos caminhos de Logun Edé. Será então confeccionada em ferro, metal dourado, cobre ou prata, variando de acordo com cada òrìṣá.

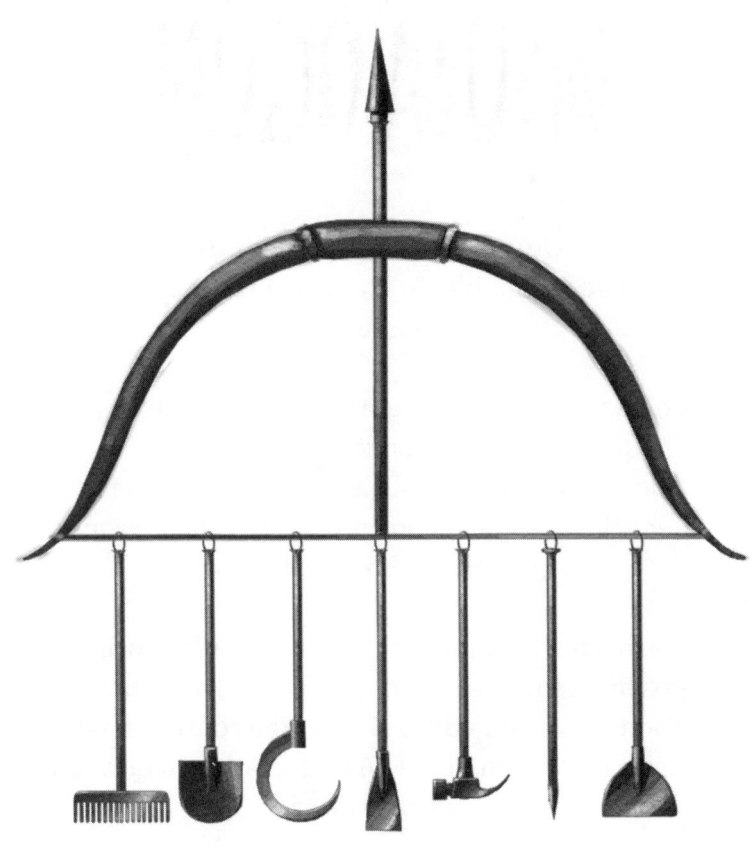

OKUTÁ ÒGÚN

A bigorna de Ògún, utilizada em todos os seus ojúbós, sem exceção, é considerada o coração e a pedra primordial deste òrìṣá.

Confeccionada em metal dourado ou em ferro, é besuntada com Èpò pupá (azeite de dendê) e waji (pó sagrado de cor azul), e posteriormente moqueada (queimada) em fogueira. Na sequência será imersa no omièró das èwè (erva macerada com vinho de palma).

Esta mesma ferramenta é emprestada a outros òrìṣás em seus assentamentos, a saber: Iyá T'Ògún, Iyá Ògúnté, Òbá, Òṣún Ypondá, Ajagunà Bitiò. Será então confeccionada em ferro, metal dourado, cobre ou prata, variando de acordo com cada òrìṣá.

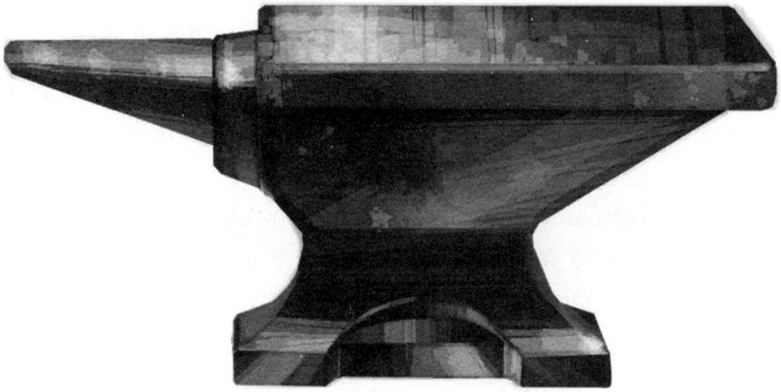

IRÍN ONIRÈ

O carrossel deste Ògún, intitulado Onirè, é um dos únicos, juntamente com o de Alagbedé, que se utiliza de ferramentas em pé: os demais são considerados Ògún deitados.

Confeccionado em ferro, besuntado com Èpò pupá (azeite de dendê) e waji (pó sagrado de cor azul), é posteriormente moqueado (queimado) em fogueira. Na sequência será imerso no omièró das èwè (erva macerada com vinho de palma).

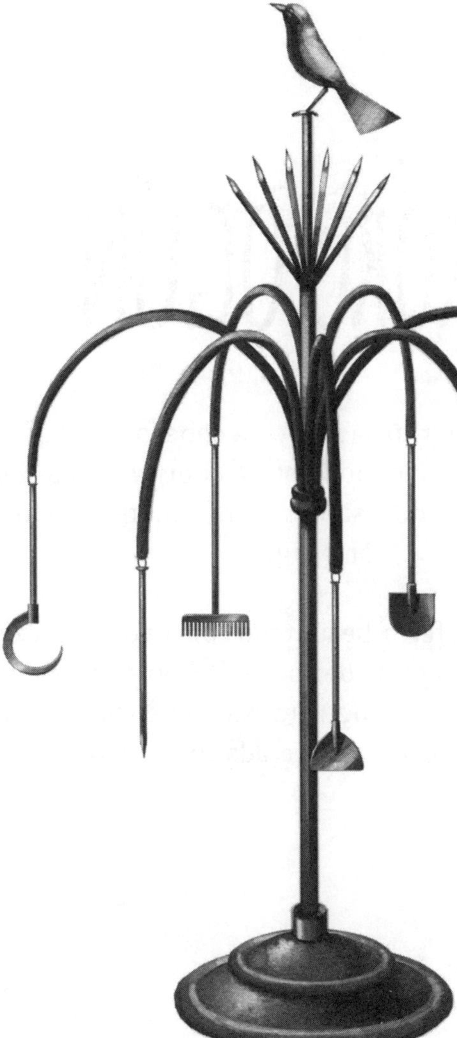

IRÍN TITÉ | FERRAMENTAS SAGRADAS DOS ORIXÁS

AKORÒ ÒGÚN

Considerado o adorno sagrado da cabeça do òrìṣá Ògún, poderá ser confeccionado com 7, 14 ou 21 peças. É encimado pelo pássaro de Osaniyn, conferindo-lhe o título de òrìṣá igbò.

Confeccionado em ferro, besuntado com Èpò pupá (azeite de dendê) e waji (pó sagrado de cor azul), é posteriormente moqueado (queimado) em fogueira. Na sequência será imerso no omièró das èwè (erva macerada com vinho de palma).

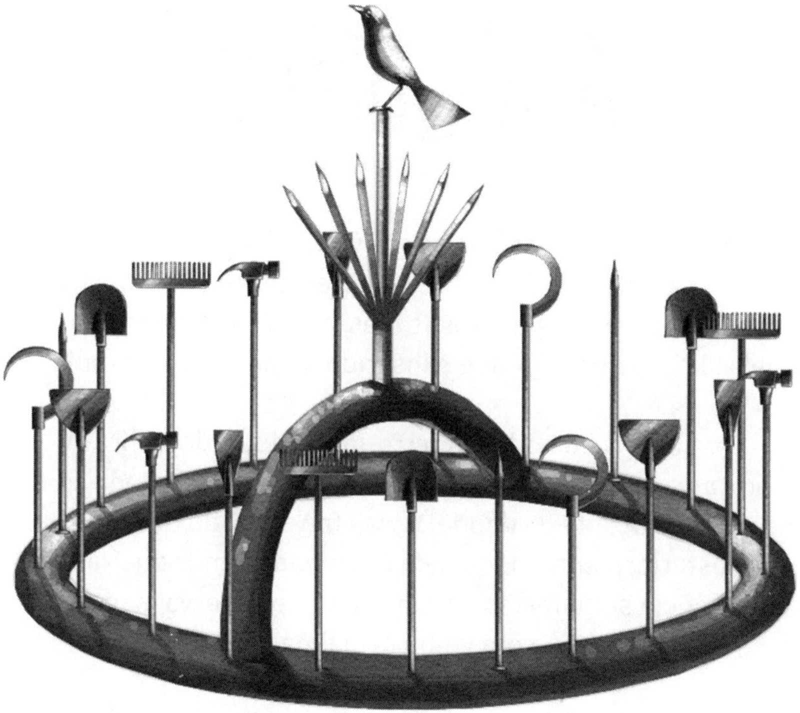

AGOGOMIRÒ

Ferramenta sagrada dos òrìsás Ògún, Òsóòsi, Logun Edé, Òsún e Oyá, considerados caçadores, Òbá e Yewá. É a ligação deles com as poderosas Ajés, poder este identificado pelas bocas de Gàn, onde é inserido o Èpò pupá nos ojúbós.

Será confeccionada em ferro, metal dourado, cobre ou prata, variando de acordo com cada òrìsá. Besuntada com Èpò pupá (azeite de dendê) e waji (pó sagrado de cor azul), é posteriormente moqueada (queimada) em fogueira. Na sequência será imersa no omièró das èwè (erva macerada com vinho de palma).

Só serão levados à fogueira os ferros ligados ao òrìsá Ògún.

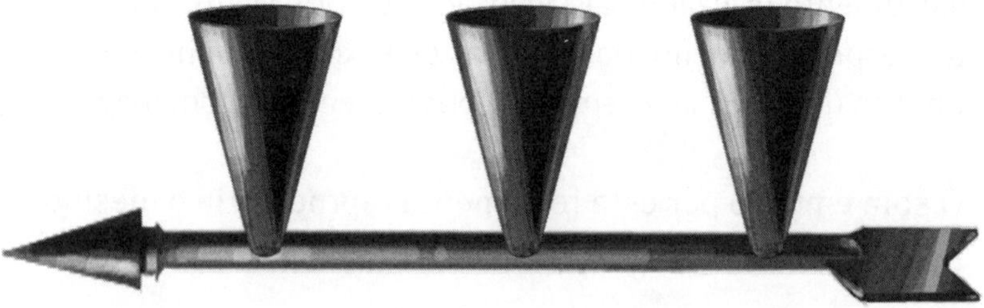

ALÁKÒRÒ

Instrumento utilizado para invocação do òrìṣá Ògún, manuseado especificamente por pessoas do sexo masculino em òrò interno deste òrìṣá ou em festa pública em sua homenagem.

O som emitido por esta ferramenta reproduziria o mesmo da forja dos ferros.

Confeccionado em ferro, besuntado com Èpò pupá (azeite de dendê) e waji (pó sagrado de cor azul), é posteriormente moqueado (queimado) em fogueira. Na sequência será imerso no omièró das èwè (erva macerada com vinho de palma).

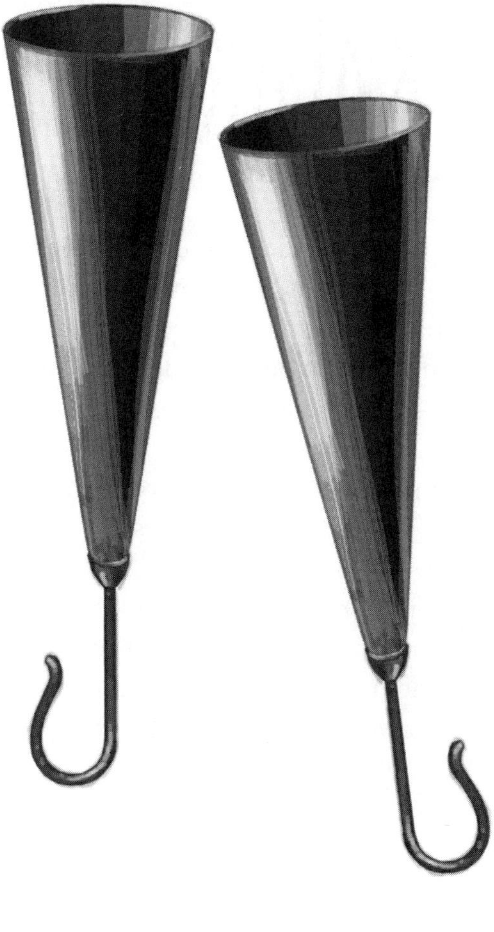

KALAKOLÚ

Par de instrumentos ligados por uma corrente, utilizados para a invocação do òrìṣá Ògún em òrò interno deste òrìṣá ou em festa pública em sua homenagem. Invoca a ideia de aprisionamento, indicando que a deidade não ofereceria resistência à manifestação.

O som emitido por esta ferramenta reproduziria o mesmo da forja dos ferros.

Confeccionada em ferro, besuntada com Èpò pupá (azeite de dendê) e waji (pó sagrado de cor azul), é posteriormente moqueada (queimada) em fogueira. Na sequência será imersa no omièró das èwè (erva macerada com vinho de palma).

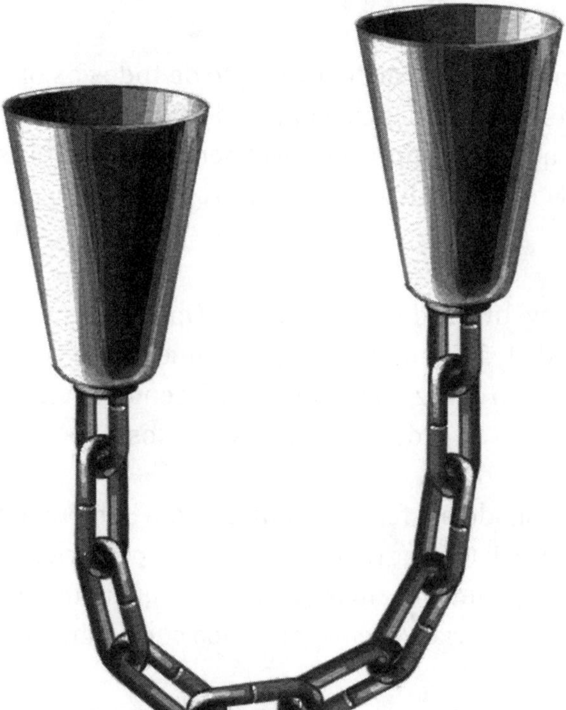

IRÍN TITÉ | FERRAMENTAS SAGRADAS DOS ORIXÁS

GÀN

Instrumento musical de invocação de todos os òrìsás, cujo som teria equivalência com a fala. Por isso, essa mesma peça é utilizada imprescindivelmente nos perfurés diários de iyawos, em obrigações e em rituais de liberação da fala dos òrìsás.

Também é utilizado aos pés do igí Opaoká, reportando-nos à lenda de Iyá Gbangba e seu filho, que foram sentenciados a morar sob a raiz do citado atinsá, sendo ouvidos através desses cones sagrados.

Confeccionado em ferro, besuntado com Èpò pupá (azeite de dendê) e waji (pó sagrado de cor azul), é posteriormente moqueado (queimado) em fogueira. Na sequência será imerso no omièró das èwè (erva macerada com vinho de palma).

O Gàn, também denominado Agògò, tem uma importância fundamental nas representações e rituais litúrgicos do candomblé. O Gàn rende homenagens às forças da natureza, nossos òrìsás, demonstrando a sua infinidade e imensurável potência.

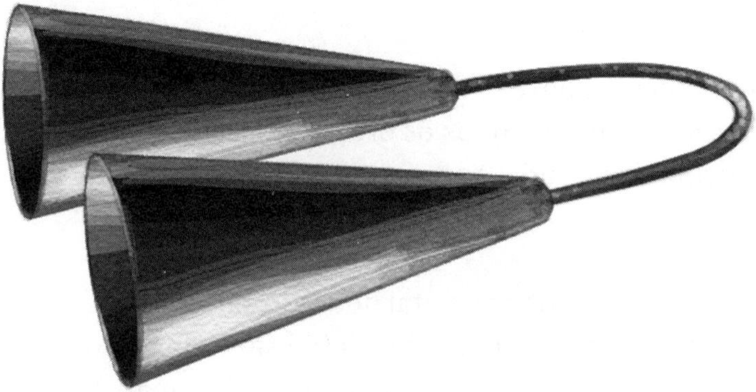

IRÍN TITÉ | FERRAMENTAS SAGRADAS DOS ORIXÁS

IRÍN ALAGBEDÉ

Ferramenta sagrada deÒgún Alagbedé, conhecido como o ferramenteiro de todos os òrìṣás. Consiste em uma bigorna encimada por uma adaga, com miniaturas de ferramentas penduradas na mesma.

Confeccionada em metal dourado, besuntada com Èpò pupá (azeite de dendê) e waji (pó sagrado de cor azul), é posteriormente moqueada (queimada) em fogueira. Na sequência será imersa no omièró das èwè (erva macerada com vinho de palma).

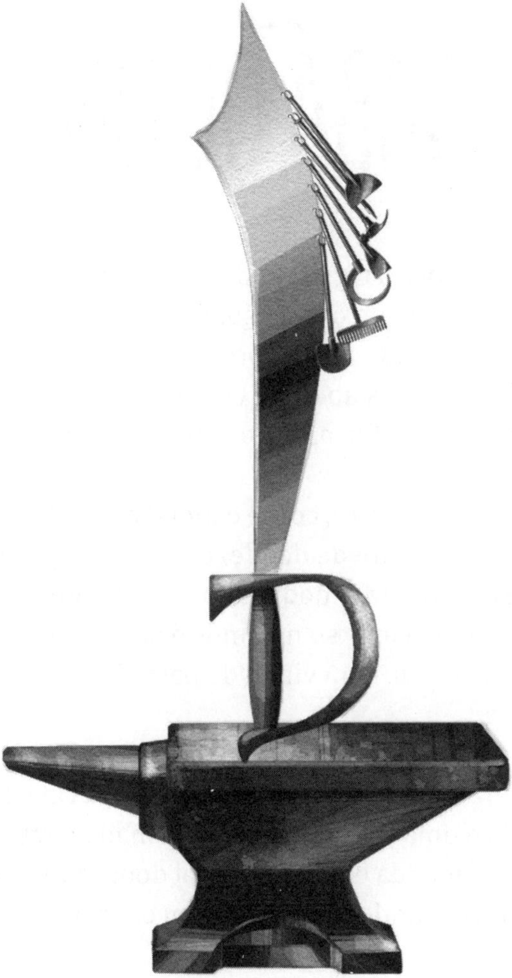

IRÍN TITÉ | FERRAMENTAS SAGRADAS DOS ORIXÁS

SABÁ ÒGÚN

Ornamento do òrìsá Ògún. Representação da espiralidade, percebida também no òrìsá Èsù. Ele nos reporta a ideia de evolução, conduzindo-nos ao progresso e à tecnologia, propriedades inerentes ao òrìsá Ògún, em que o minério do ferro se transforma para o bem-estar coletivo.

Confeccionado em ferro, cobre e metal dourado, besuntado com Èpò pupá (azeite de dendê) e waji (pó sagrado de cor azul), é posteriormente moqueado (queimado) em fogueira. Na sequência será imerso no omièró das èwè (erva macerada com vinho de palma).

Esta mesma ferramenta é emprestada a outros òrìsás em seus assentamentos, a saber: Èsù, Òsóòssi, Opaoká, Iyami, Logun Edé e uma Oyá específica chamada Loguere. Será então confeccionada em ferro, metal dourado, cobre ou prata, variando de acordo com cada òrìsá.

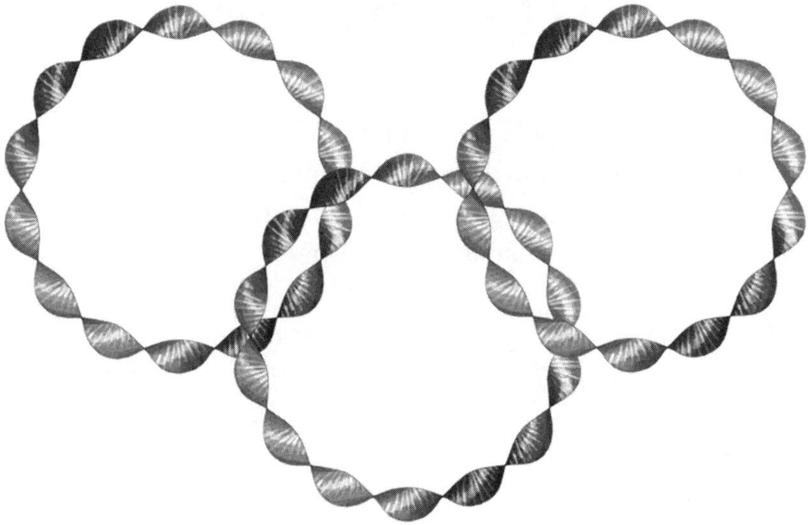

OPÁ MAKINDÈ

Ferramenta utilizada em alguns caminhos de Ògún, principalmente no ojúbó de Ògún Makindè. Encontramos em algumas egbés antigas esta ferramenta encastoada no âmago do igí òpè.

Confeccionada em ferro, besuntada com Èpò pupá (azeite de dendê) e waji (pó sagrado de cor azul), é posteriormente moqueada (queimada) em fogueira. Na sequência será imersa no omièró das èwè (erva macerada com vinho de palma).

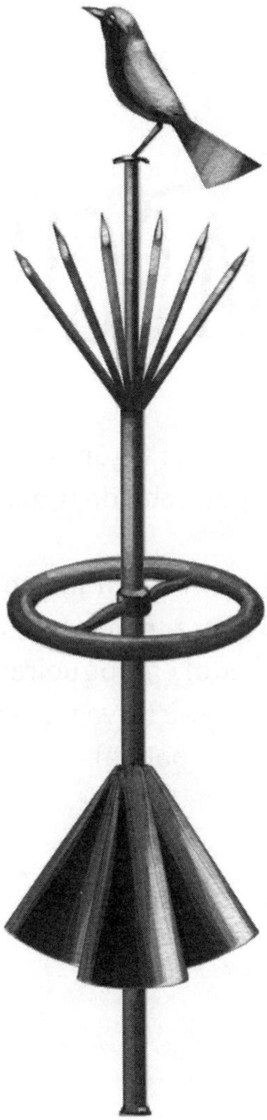

IRÍN TITÉ | FERRAMENTAS SAGRADAS DOS ORIXÁS

IDÁ ÒGÚN

Paramento de mão do òrìṣá Ògún, servindo também como apetrecho de igbá.

Confeccionado em ferro, besuntado com Èpò pupá (azeite de dendê) e waji (pó sagrado de cor azul), é posteriormente moqueado (queimado) em fogueira. Na sequência será imerso no omièró das èwè (erva macerada com vinho de palma).

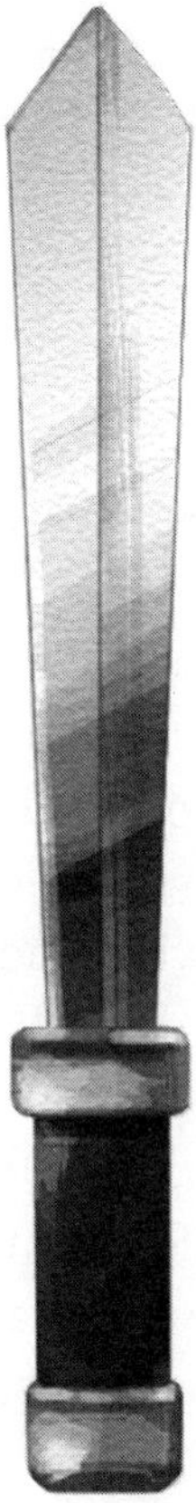

IRÍN TITÉ | FERRAMENTAS SAGRADAS DOS ORIXÁS

ARO ÒGÚN

Adorno de pescoço do òrìṣá Ògún. A sua simbologia retrata as ferramentas utilizadas na agricultura, que poderão ser em número de 7, 14 ou 21 peças.

Confeccionado em ferro, metal dourado e prata, besuntado com Èpò pupá (azeite de dendê) e waji (pó sagrado de cor azul), é posteriormente moqueado (queimado) em fogueira. Na sequência será imerso no omièró das èwè (erva macerada com vinho de palma).

Esta mesma ferramenta é emprestada a outros òrìṣás em seus assentamentos, a saber: Òṣún, Òkò, Oṣogiyón, Èṣù, Iyá T'Ògún e Iyá Ògúnté. Será então confeccionado em ferro, metal dourado, cobre ou prata, variando de acordo com cada òrìṣá.

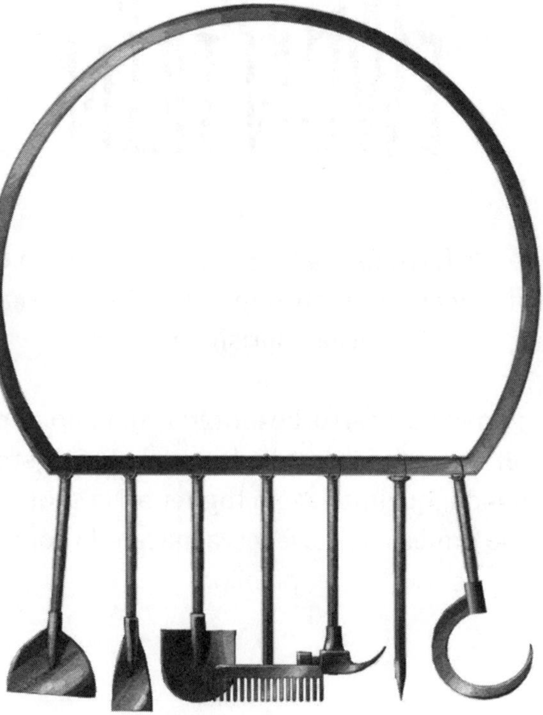

IRÍN TITÉ | FERRAMENTAS SAGRADAS DOS ORIXÁS

ÈWÒN IRÍN

Corrente de ferro usada largamente no culto a Ògún e a Èsù, especificamente retratando a ideia de força, união e, por vezes, aprisionamento.

Confeccionada em ferro, besuntada com Èpò pupá (azeite de dendê) e waji (pó sagrado de cor azul), é posteriormente moqueada (queimada) em fogueira. Na sequência será imersa no omìèró das èwè (erva macerada com vinho de palma).

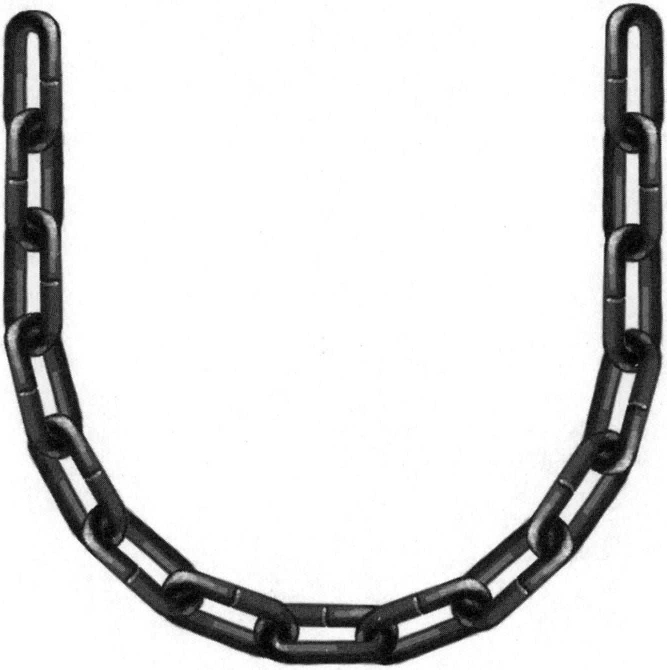

IRÍN ÒSÓÒSI

IDÉ ÒSÔÒSI

Adorno do òrìsá Òsóòsi, utilizado em igbá e braços. O material é contorcido, dando-nos a ideia de crescimento, transformação e evolução.

Confeccionado em ferro, metal dourado, cobre ou prata. Ferramenta utilizada também no Àgbò Òsóòsi.

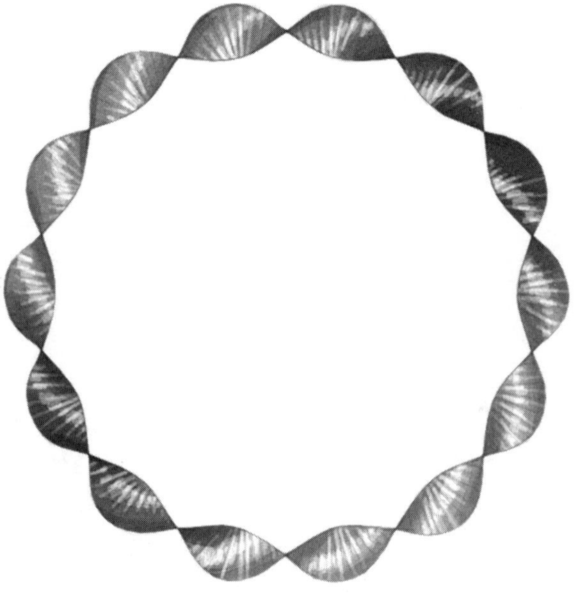

OFÁ

Símbolo maior do òrìṣá rei do Ketu, representa não só a sua arma de caça, mas também a sua realeza, visto estar sempre apontando para o alto.

Há quem diga que se Òṣóòsi aponta seu Ofá para alguém, a realização do seu intento não tarda.

Por tratar-se de relevante presença no culto do òrìṣá Odé, encontramos o Ofá em diversos ojúbós de òrìṣás distintos, a saber: Ayrá M'Odé, Ajagunà Bitiodè, Òṣún Yeye Oké, Logun Edé, Oyá Loguere, Yemoja Asèsú, òrìṣá Òkò, Òbá, Yewá, Ògún, Alakétu, Laalú, Onisakeran, Opaoká, Ògèrá. Será então confeccionado em ferro, metal dourado, cobre ou prata, variando de acordo com cada òrìṣá.

Ferramenta utilizada também no Àgbò Òṣóòsi.

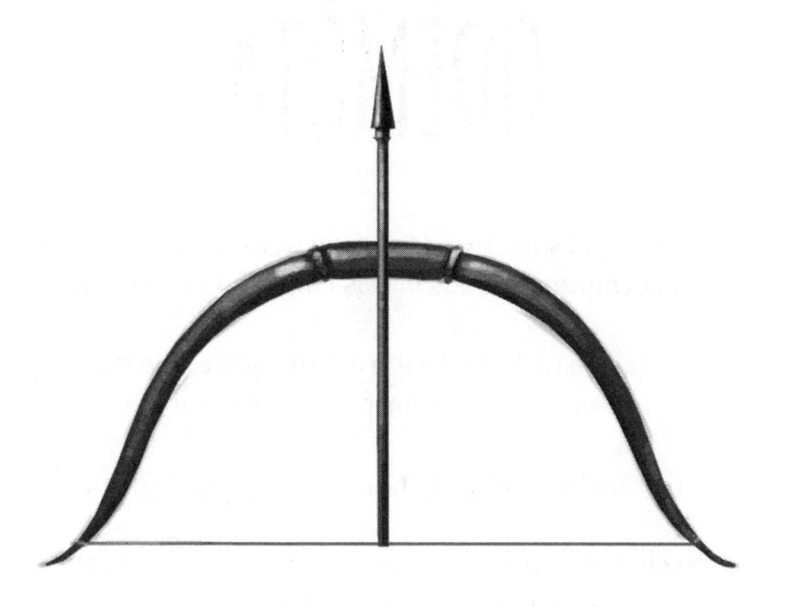

IRÍN TITÉ | FERRAMENTAS SAGRADAS DOS ORIXÁS

ODÉMÓTA

Arma de caça específica das obírìn odé (mulheres caçadoras), emprestada aos òrìṣás Logun Edé e Òṣóòsi.

Sua lança corre na base devido à dificuldade, que geralmente as mulheres têm, para atingir o alvo.

Ferramenta utilizada também no Àgbò Òṣóòsi.

Confeccionada em ferro, metal dourado, cobre ou prata, variando de acordo com cada òrìṣá.

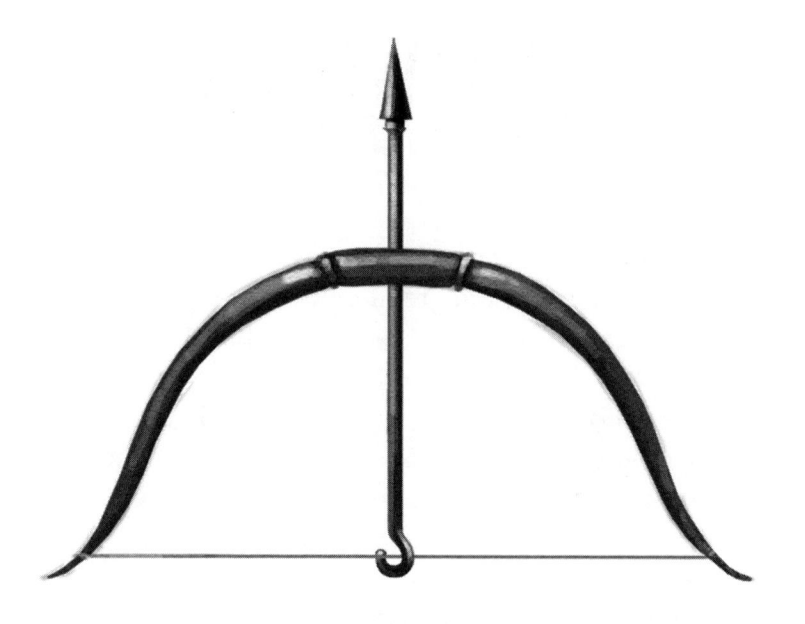

IRÍN TITÉ | FERRAMENTAS SAGRADAS DOS ORIXÁS

ARO ÒSÓÒSI

Ornamento de pescoço deste òrìsá, representado por 17 ofás (16 pequenos e um grande, que seria o próprio aro), simbolizando nesta peça os 17 caminhos de Òsóòsi.

Pode ser utilizado também por Logun Edé, Òsún Yeye Okè, Oyá Loguere, Iyagbá Otin. Será então confeccionado em ferro, metal dourado, cobre ou prata, variando de acordo com cada òrìsá.

Ferramenta utilizada também no Àgbò Òsóòsi.

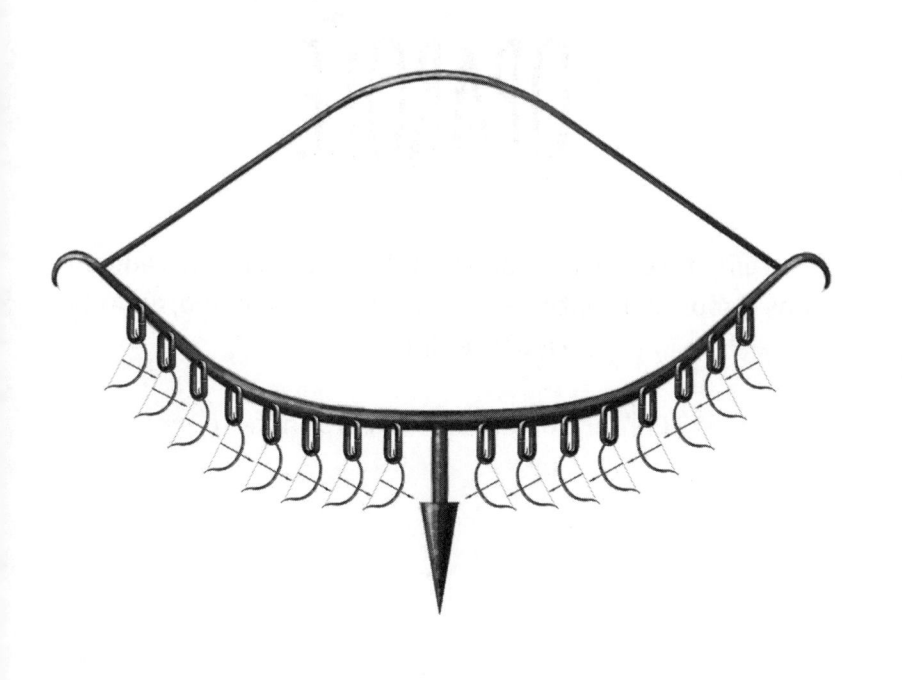

IRÍN TITÉ | FERRAMENTAS SAGRADAS DOS ORIXÁS

OPÁROLÈ

Ferramenta específica do òrìṣá Odé Àròlè, considerado um dos Òṣóòsi mas antigos. É utilizada em seu ojúbó, no Àgbò Òṣóòsi e Onisakeran.

Confeccionada unicamente em ferro.

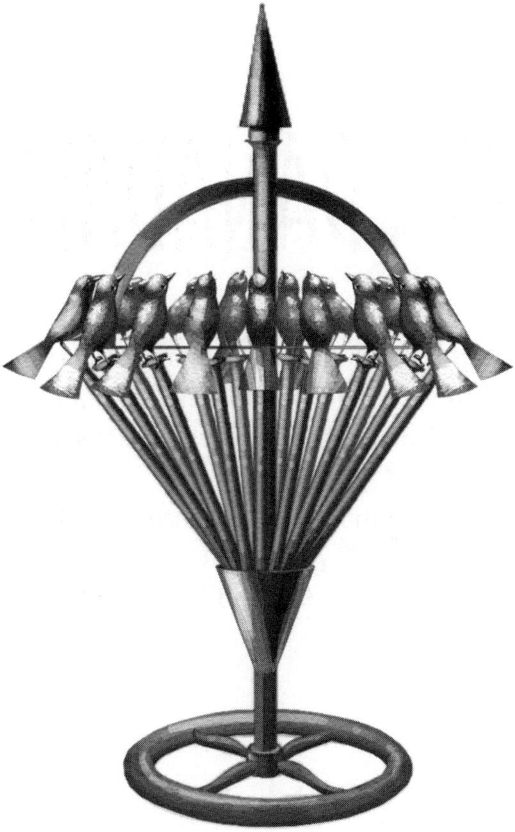

IRÍN DANADANA

Ferramenta sagrada do òrìṣá Odé Danadana (Gbelofá), considerado a cobra em pé, um dos Òṣóòsi mais temidos da nação de Ketu, de preceitos e ritualísticas bem rígidos.

Confeccionado unicamente em cobre.

Ferramenta utilizada também no Àgbò Òṣóòsi.

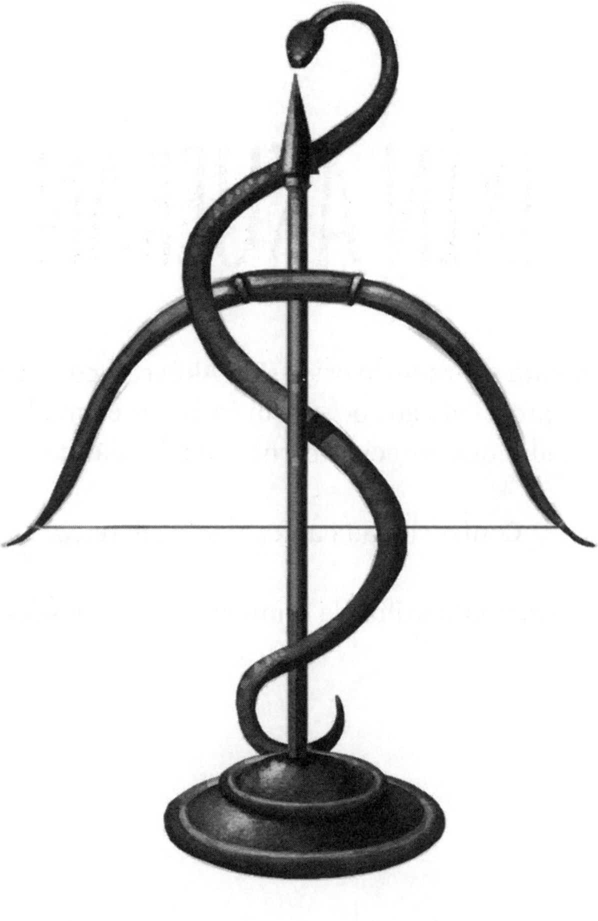

IRÍN AKUERÀN

Ferramenta sagrada do òrìṣá Odé Akúeràn, considerado o Òṣóòsi apropriado aos orí obírìn (cabeças de mulheres), caçador que aprecia a carne crua de suas caças.

Confeccionada unicamente em ferro.

Ferramenta utilizada também no Àgbò Òṣóòsi.

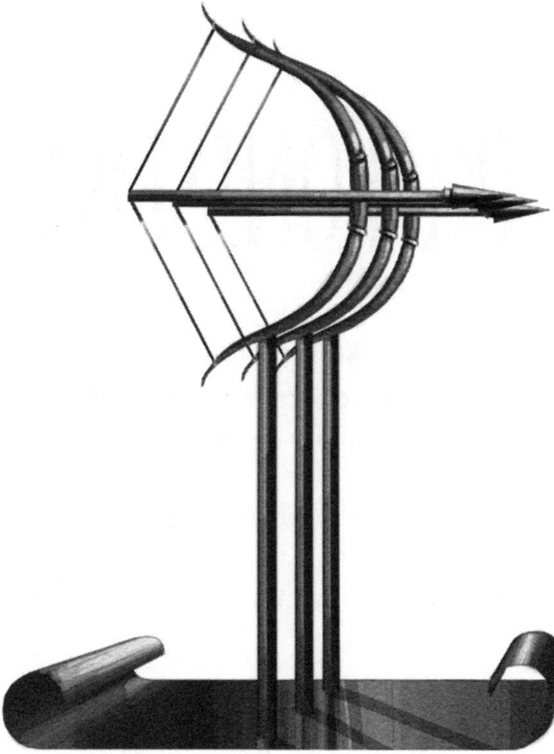

IRÍN TITÉ | FERRAMENTAS SAGRADAS DOS ORIXÁS

IRÍN ONISEWÈ

Ferramenta sagrada do òrìṣá Odé Oniṣewè, considerado a cobra deitada que chega sorrateiramente, Odé encantado por Oyá e que ostenta o epíteto de "o caçador de borboletas".

Confeccionada unicamente em cobre.

Ferramenta utilizada também no Àgbò Òṣóòsi.

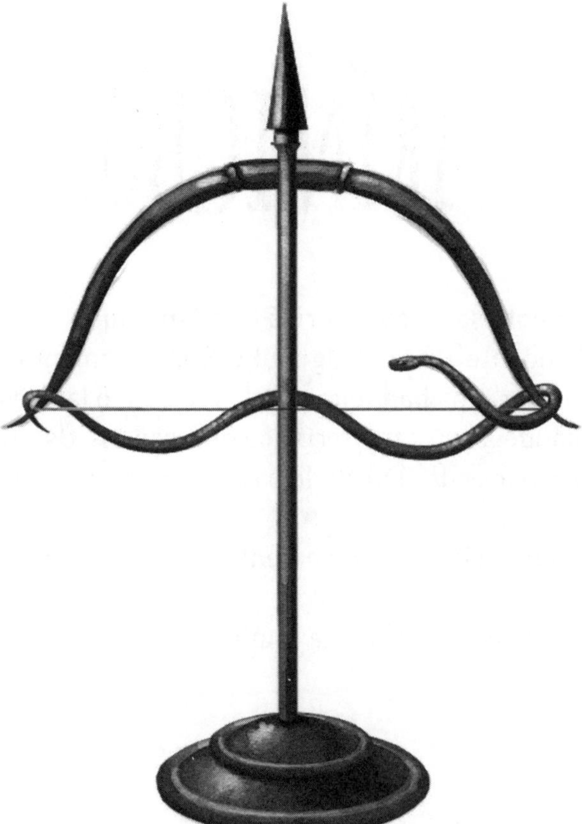

IRÍN TITÉ | FERRAMENTAS SAGRADAS DOS ORIXÁS

IRÍN IGBÒ

Ferramenta sagrada do òrìs̩á Odé Igbò, aquele que se esconde no interior do Ilè Igbóakú. Sua ferramenta é representada por uma bandeira pendendo para o lado esquerdo, assinalando a sua característica de òrìs̩á òsí. Ostenta ainda duas bocas de Gàn, onde o òrìs̩á insere suas bílálas.

Confeccionada unicamente em metal dourado.

Ferramenta utilizada também no Àgbò Òs̩óòsi.

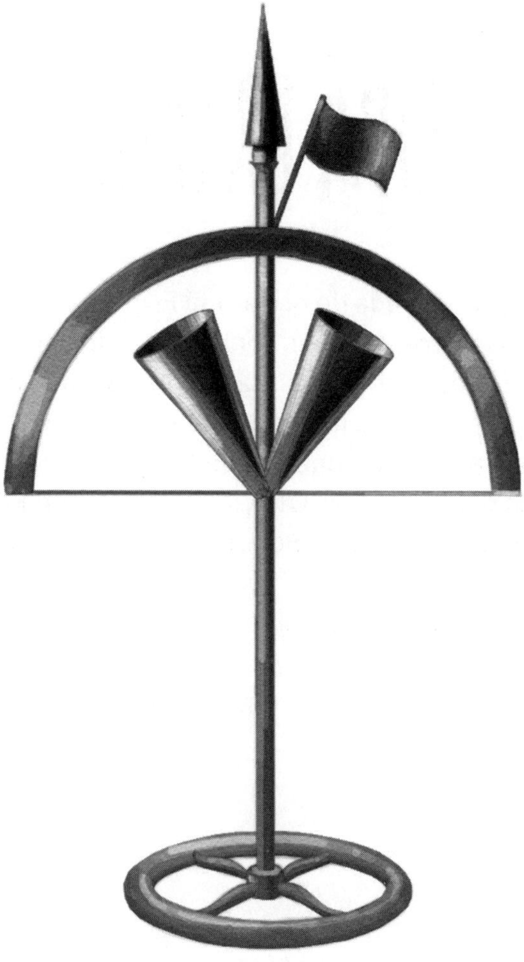

IRÍN TITÉ | FERRAMENTAS SAGRADAS DOS ORIXÁS

OPÁ ERÍNLÉ

Ferramenta sagrada do òrìṣá Odé Erínlé, aquele que carrega 16 pássaros, também conhecido pelo epíteto de Ibú Alamó, òrìṣá dono do barro branco ou giz funfun. Foi rei de Ilobú, local para onde migrou após ser expulso da floresta, vindo assim a formar um arquipélago onde encontramos, em torno dele, os òrìṣás Otin, sua filha, Logun Edé, seu filho, Òṣún Ypondá, Yemoja, sua mãe, e Òkó, seu pai.

Confeccionada unicamente em metal dourado.

Ferramenta utilizada também no Àgbò Òṣóòsi.

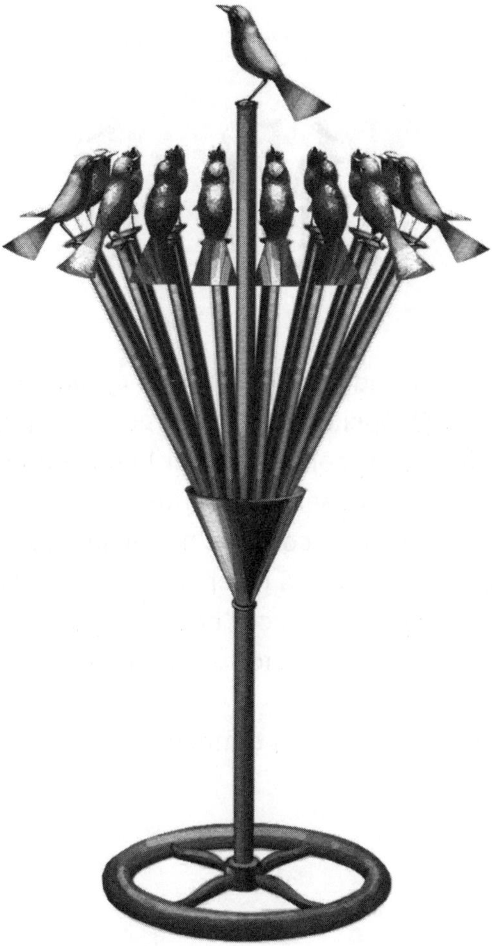

IRÍN KARÈ

Ferramenta sagrada pertencente ao ojúbó de Odé Karè, considerado o Òsóòsi do amor, que recebe o epíteto de Ofé Òkàn, aquele que proporciona amor bom. Sua ferramenta é simbolicamente representada por uma flecha que atravessa um coração em três cores de metal: prateado, dourado e acobreado. Companheiro inseparável do òrìsá Logun Edé, com quem aprendeu a pescar, na maioria das vezes é confundido com o mesmo, devido à indumentária semelhante.

Ferramenta utilizada também no Àgbò Òsóòsi.

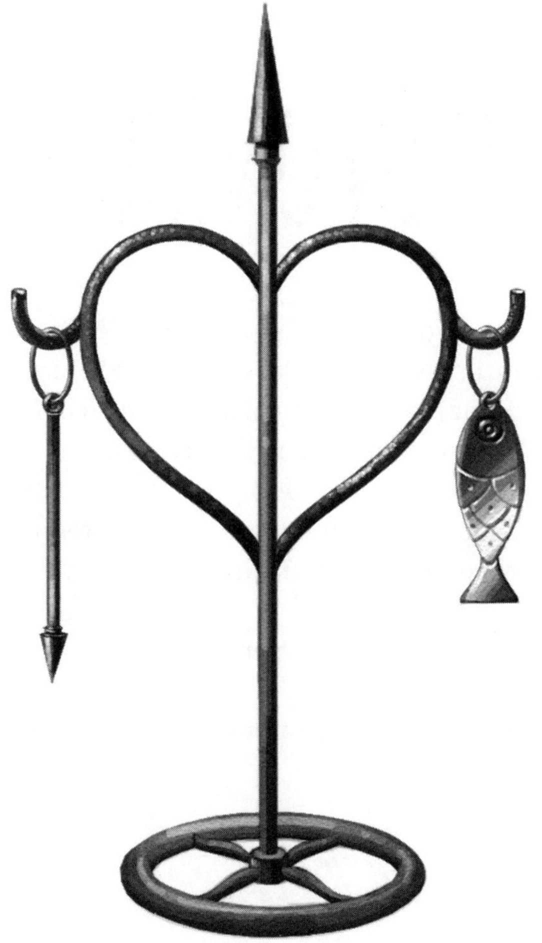

IRÍN ONIKOLÈ

Ferramenta sagrada do òrìṣá Odé Onikolè, considerado o òrìṣá da tintura vermelha. Daí a base de sua ferramenta ser pontiaguda, pois será inserida em um pedaço de pau-brasil para que possa se manter em pé.

O seu encanto está sobre uma árvore que tenha caído sobre o rio onde são efetuados seus encantos e ebós.

Confeccionada unicamente em metal dourado.

Ferramenta utilizada também no Àgbò Òṣóòsi.

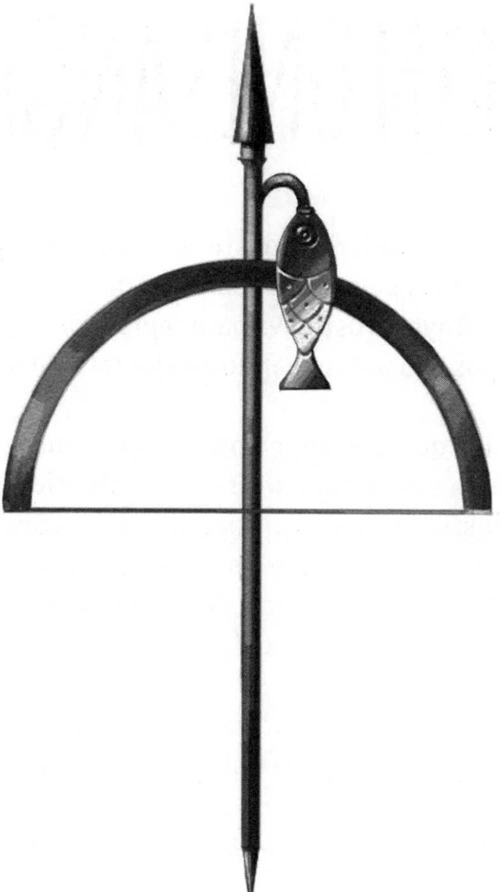

IRÍN TITÉ | FERRAMENTAS SAGRADAS DOS ORIXÁS

IRÍN ONISANGBÒ

Uma das características deste Odé são as marcas em seu corpo deixadas pelo cipó besuntado de dendê, com que, se conta, Osaniyn o fustigava para repreendê-lo pelas badernas causadas quando se afastava do igbò.

Diz a lenda que Onisangbò possui dois irmãos, Onis̩ewè e Danadana, e que as características deste trio são muito semelhantes. Diz-se que "Onisangbò cria as confusões e brigas na praça e corre, e que Onis̩ewè e Danadana compram a briga e dão cabo da mesma e dos envolvidos." Daí o aspecto agressivo destes òris̩ás.

Os três levam em suas ferramentas o símbolo de uma Dan. Confeccionada unicamente em ferro.

Ferramenta utilizada também no Àgbò Òs̩óòsi.

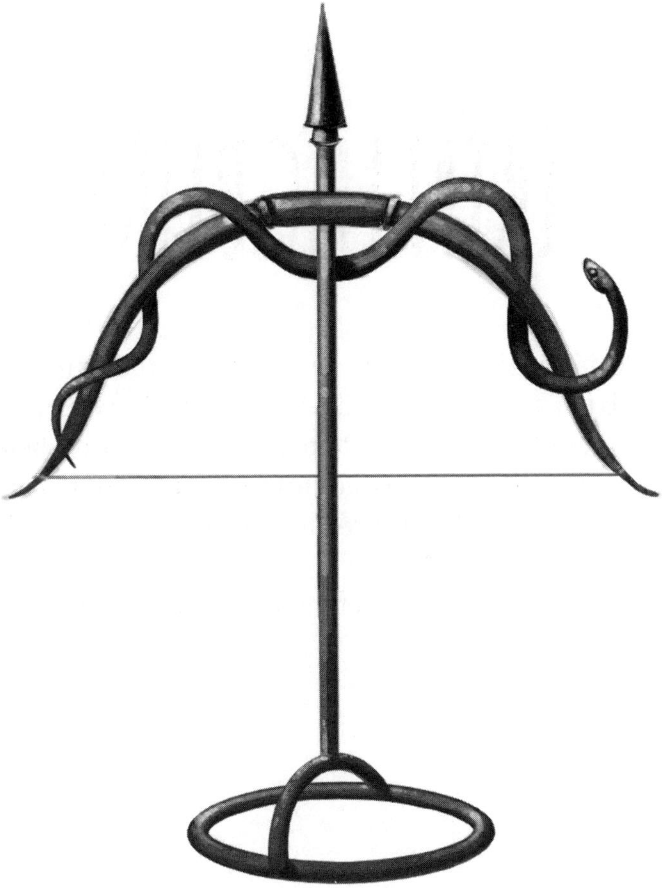

IRÍN TITÉ | FERRAMENTAS SAGRADAS DOS ORIXÁS

IRÍN LAGBURÈ

Òrìsá Odé considerado o preferido das Iyagbás e único Odé cercado por elas, sem exceção. Sua ferramenta é forjada em metal dourado, expressando todo o seu encanto e beleza. É considerado o Òsóòsi que carrega o balaio das Iyagbás (Presente das Águas).

Ferramenta utilizada também no Àgbò Òsóòsi.

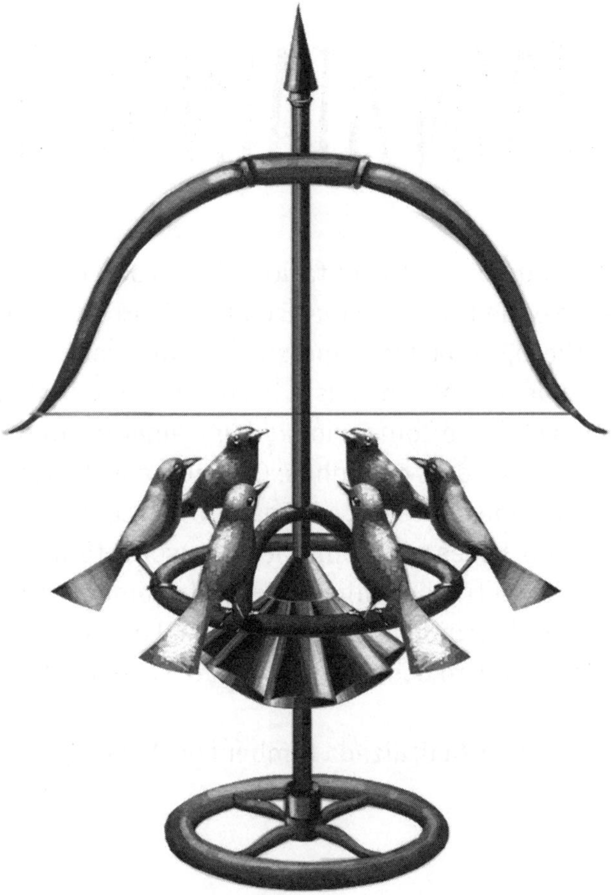

/ IRÍN TITÉ | FERRAMENTAS SAGRADAS DOS ORIXÁS

IRÍN AJAINPAPÒ

Considerado o Òsóòsi solitário, habita o alto de uma montanha, de onde tudo observa. É companheiro inseparável de Ògún Akorò, o qual lhe empresta suas ferramentas, que faz questão de ostentar na haste horizontal de seu ofá em pé. Sua ferramenta é confeccionada unicamente em ferro, porém há outros dois caminhos: Onipapo, cuja ferramenta é confeccionada em cobre, e Ejépapo, confeccionada em metal dourado. Esses três caminhos de Òsóòsi têm em seu receptáculo apetrechos diferentes: as ferramentas de todos são iguais, diferindo apenas no material de forja. Um come com Ògún, outro com Osaniyn e outro com Iyá Gbangba.

Ferramenta utilizada também no Àgbò Òsóòsi.

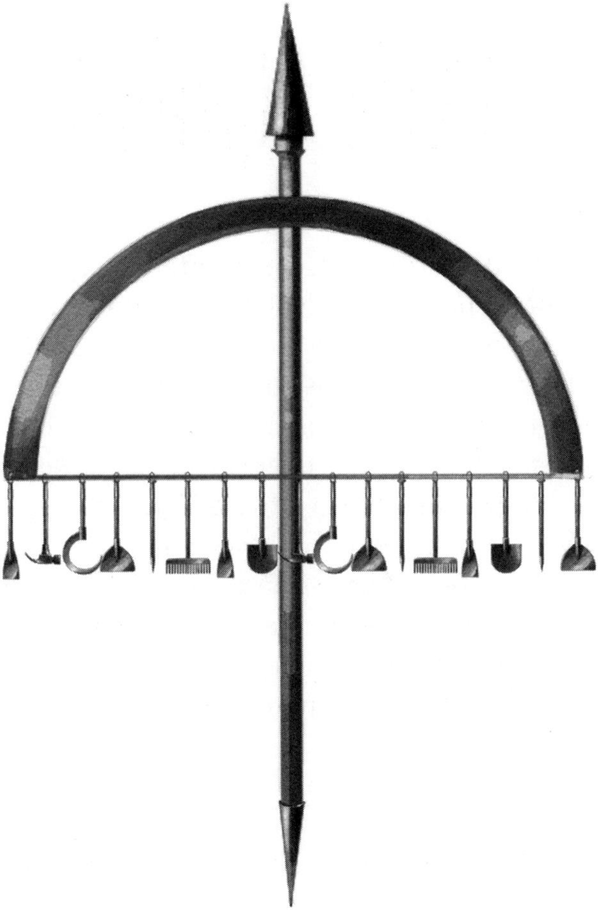

IRÍN AGANÀ

Este caminho de Òsóòsi recebe o epíteto de Odé Nlá (caçador dos altos), pois conta a lenda que Odé Aganà é proibido de tocar os pés no chão, sob ameaça de ser atacado por Èsù Ijèlú. Nestas circunstâncias, todo òrò pertinente a este caminho é feito sobre troncos, até que seja alocado no alto. Este mesmo Odé Aganà é quem mora dentro desta ferramenta encastoada intitulada Árò Òsóòsi.

A forja de sua ferramenta se dá de uma forma simples: encastoa-se em um chifre de boi e junta-se a esta encastoação os símbolos mariwo Ògún, òpèré Osaniyn e ofá em pontos estratégicos. A carga principal é inserida no interior do Ògé.

Confeccionada unicamente em ferro.

Ferramenta utilizada também no Àgbò Òsóòsi.

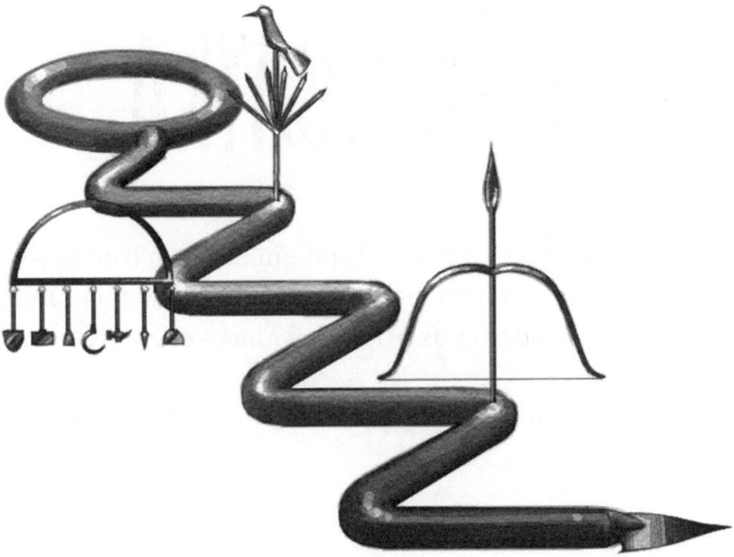

IRÍN TITÉ | FERRAMENTAS SAGRADAS DOS ORIXÁS

IRÍN GBAYRÁ

Caminho de Òs̠óòsi que se fundamenta com o òrìs̠á Ayrá M'Odé. Traz, em sua ferramenta, forjada em metal prateado, a simbologia dos òrìs̠ás Iyá Mama e Osaniyn.

Ferramenta utilizada também no Àgbò Òs̠óòsi.

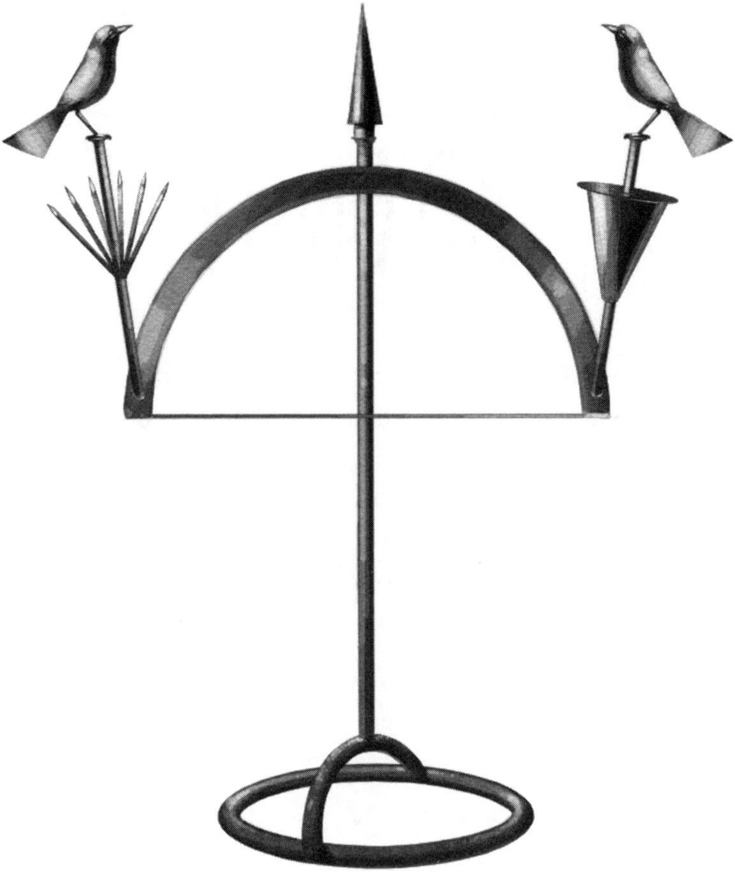

IKÓ ONILÉ

Esta seteira é utilizada sob a terra, demonstrando em sua simbologia o poder que emana de Onilé (Mãe Terra).

Confeccionada unicamente em ferro.

Ferramenta utilizada também no Àgbò Òsóòsi.

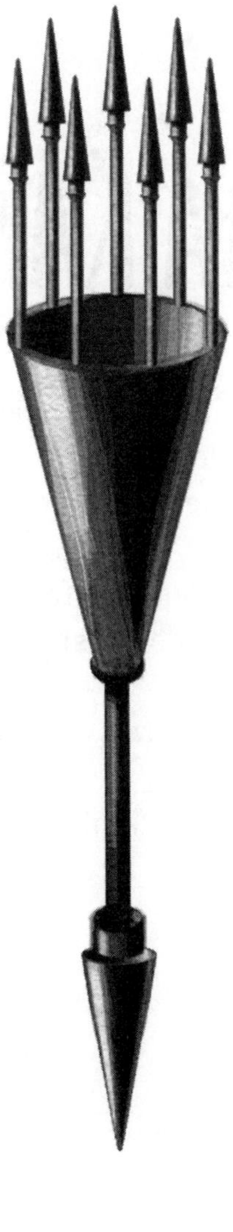

IRÍN TITÉ | FERRAMENTAS SAGRADAS DOS ORIXÁS

OFÁ KARÈ

Ferramenta de mão sagrada pertencente ao òrìsá Odé Karè, considerado o Òsóòsi do amor, que recebe o epíteto de Ofé Òkàn, aquele que proporciona o amor bom.

O que a diferencia dos demais ofás são as características repuxadas desta peça.

Confeccionada nos metais dourado, cobre e prata.

Ferramenta utilizada também no Àgbò Òsóòsi.

GBOJUTÓ ERINLÉ

Eis aqui a representação de Gbojutó, guardião do òrìsá Erinlé e de sua esposa Abátàn, que os resguarda em todas as jornadas, tendo ainda a incumbência de cuidar do seu material de pesca e distribuição dos peixes às margens do rio Ilobú. Esta mesma deidade zela por toda a família de Erinlé.

A ferramenta ora se apresenta com uma fisga e um peixe, ora com dois pratos de balança, nesta forma mais precisamente para o òrìsá Logun Edé.

Confeccionada unicamente em metal dourado.

Ferramenta utilizada também no Àgbò Òsóòsi.

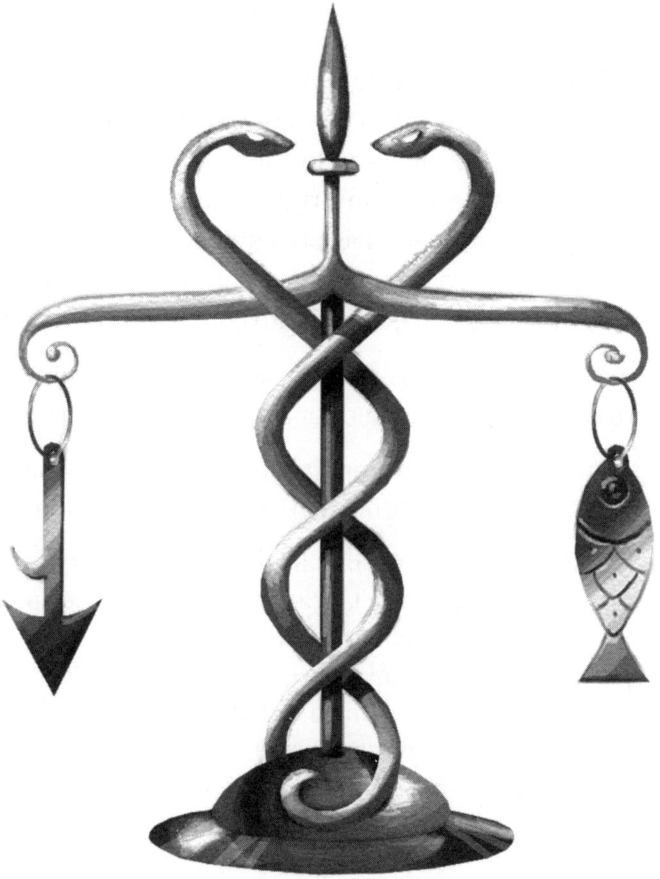

IRÍN TITÉ | FERRAMENTAS SAGRADAS DOS ORIXÁS

OPAOKÁ

Nesta ferramenta encontramos um òpèrè, representando o Igí Opaoká. Ela é formada por uma lança que aponta para a terra e seis outras apontando para cima, com o pássaro Èiyèlé central nos reportando a figura mítica de Iyá Gbangba. Esta Iyá, após transgredir leis pré-estabelecidas entre ela e as irmãs, resolve dar à luz um filho, e por isso é sentenciada a habitar as raízes do Igí Opaoká junto com o seu filho Òsóòsi.

Dentre outras peças sacras, este òpèrè encontra-se centralizado dentro de uma panela confeccionada em barro e sem fundo.

Cabe ressaltar que a diferenciação dos òpèrè de Opaoká, Osaniyn, Ìrokò e Jagun se dá da seguinte forma:

Opaoká - confeccionado em metal dourado. As seis hastes em volta alcançam a metade da lança central; a haste que aponta para baixo é pontiaguda.

Osaniyn - confeccionado em ferro queimado. As seis hastes em volta do pássaro alcançam o meio da haste central, e há uma folha na ponta de cada haste circundante.

Ìrokò - confeccionado em ferro queimado. As seis hastes em volta alcançam a metade da lança central; a haste que aponta para baixo é pontiaguda.

Jagun - confeccionado em ferro esmerilado, com um pássaro central e seis hastes fixadas acima do meio da lança central, que é pontiaguda para baixo.

Ferramenta utilizada também no Àgbò Òsóòsi.

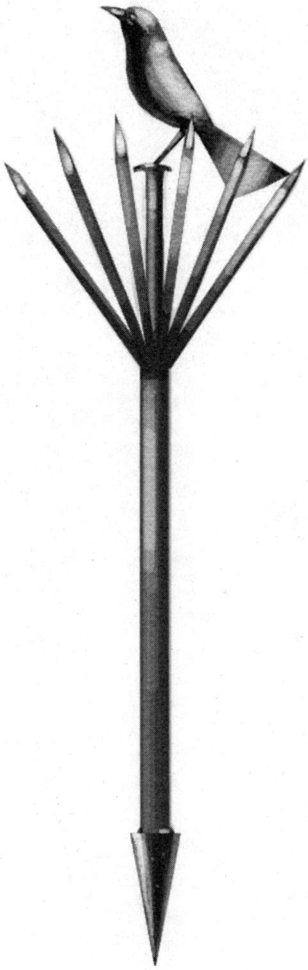

IRÍN IYAGBÁ OTIN

IRÍN OTIN

Esta deidade feminina, filha de Erinlé, é representada por objetos quadriláteros, diferenciadamente das demais formas dos outros òrìsás Odé.

Otin tem sua ferramenta central representada por três lanças, forma esta que facilitaria a caça por uma òbìrìn odé.

Confeccionada unicamente em metal dourado.

Ferramenta utilizada também no Àgbò Òsóòsi.

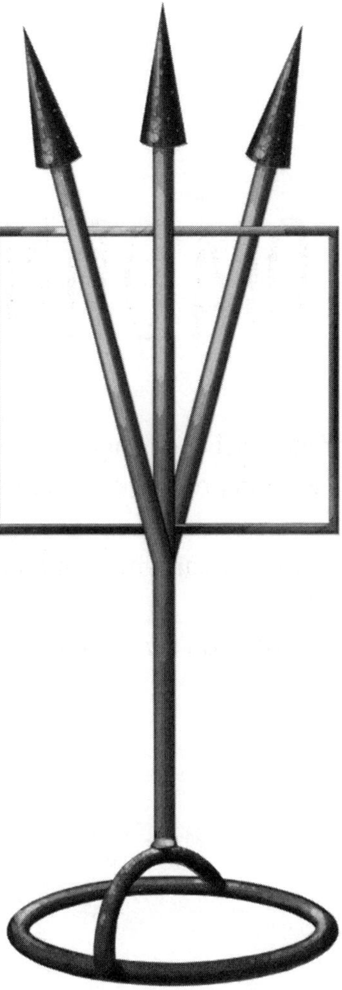

IRÍN TITÉ | FERRAMENTAS SAGRADAS DOS ORIXÁS

OFÁ OTIN

Ferramenta representativa da caça para este òrìsá, presenteada a esta iyagbá por seu companheiro Odé Igbò.

Confeccionada unicamente em metal dourado.

Ferramenta utilizada também no Àgbò Òsóòsi.

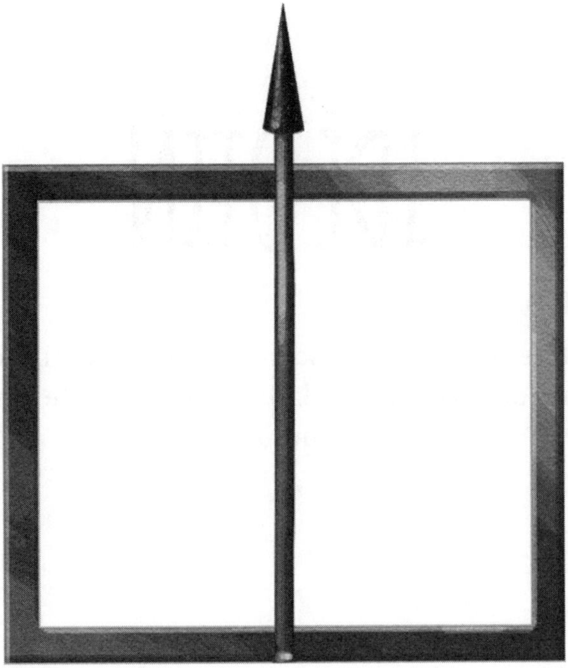

IDÉ OTIN

Bracelete, adorno imprescindível a esta iyagbá, confeccionado de forma quadrilátera e unicamente em metal dourado.

IKÓ OTIN

Lança utilizada por esta òbìrìn para a caça e a pesca. Ela a utiliza também como paramento de mão em saídas públicas.

Confeccionada unicamente em metal dourado, em tamanho de aproximadamente 90 centímetros.

ARO OTIN

Adorno da iyagbá Otin.

Confeccionado unicamente em metal dourado, é utilizado em seu pescoço em saídas públicas.

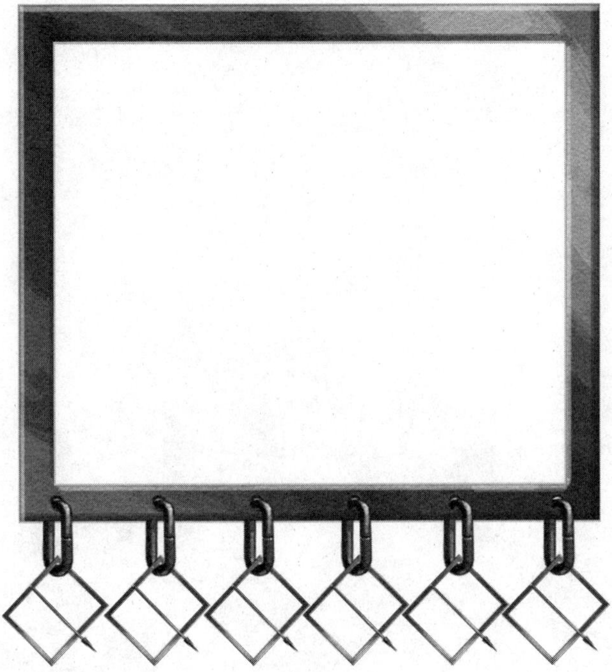

IRÍN FAMÍLIA KEREJÉBÌ

IKÓ

Lança utilizada geralmente em número de 7 unidades nos ojúbós das deidades da família Kerejébì. Representação máxima explícita do poder abaixo e sobre a terra, é largamente utilizada nos assentamentos de Obalúayé, Omolu, Jagun, Ìrokò, Osaniyn, Ògá, Ògé, Agé, Iyewá, Álè, Òrò Injènà.

Confeccionado em ferro, cobre, metal dourado e prata.

IRÍN ARAWE

Ferramenta representativa do poder essencial da deidade Omolu Arawe sobre a terra.

Confeccionada em forma de garateia e unicamente em ferro.

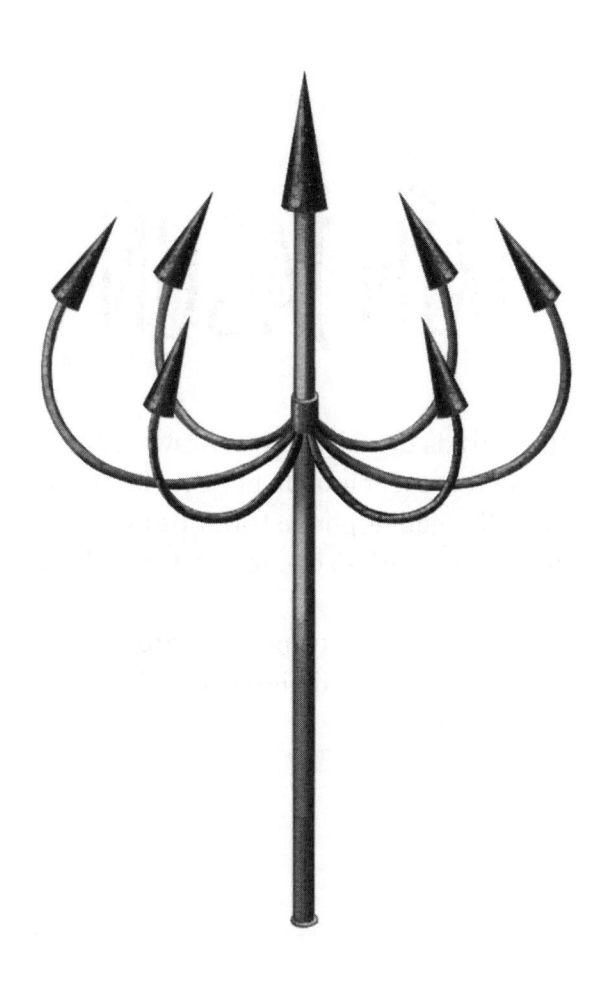

IRÍN JAGUN

Ferramenta sagrada do òrìsá Jagun Arawe. Segundo conta a lenda, Jagun foi recepcionado por Omolu Arawe nas terras da família Kerejébì e, por se tratar de exímio guerreiro, foi empossado guardião das terras da família Injènà.

Confeccionado em ferro e esmerilado até que se atinja o metal prateado do interior do ferro.

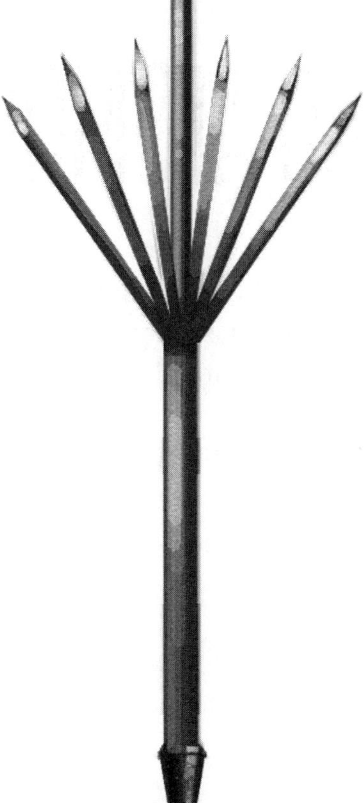

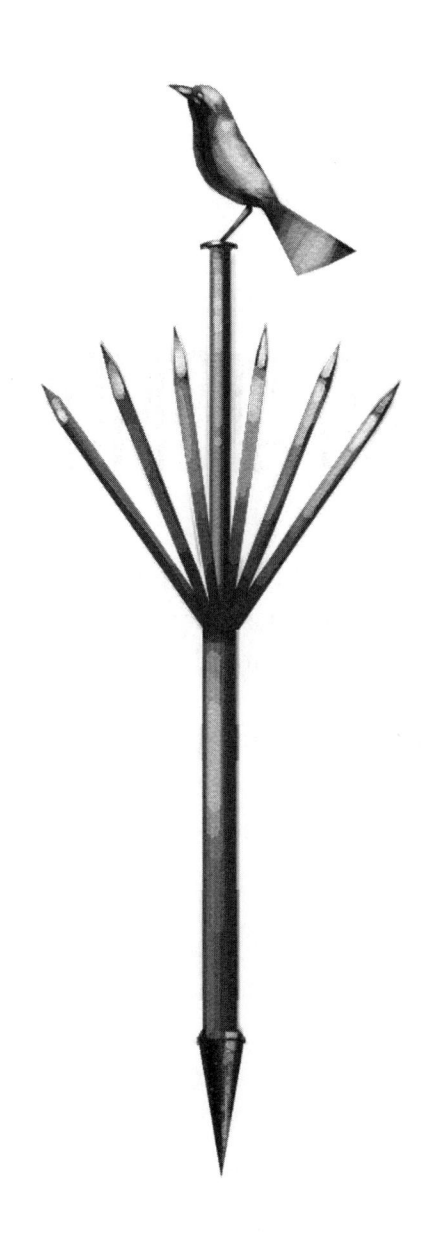

IKÓ AFOMÓN

Este Omolu é conhecido como aquele que caminha sobre as cobras. Daí todas as suas lanças terem um Dan enroscado, retratando o covil.

Confeccionado unicamente em ferro.

IRÍN TITÉ | FERRAMENTAS SAGRADAS DOS ORIXÁS

IKÓ S̲ÓPONÓN

Reportando-se aos seus preceitos com o òris̲á Ès̲ù, a lança de S̲óponón tem a sua extremidade superior confeccionada com ponta de fisga dupla.

Confeccionada unicamente em ferro.

IRÍN TITÉ | FERRAMENTAS SAGRADAS DOS ORIXÁS

IDÁ JAGUN

Òrìsá Jagun, oriundo do Ekiti Ifòn, fazia uso do idá, o que não mudou nas terras para onde migrou, onde acrescentou novas armas para guerrear.

Confeccionado unicamente em ferro esmerilado (lapidado até atingir a cor prata).

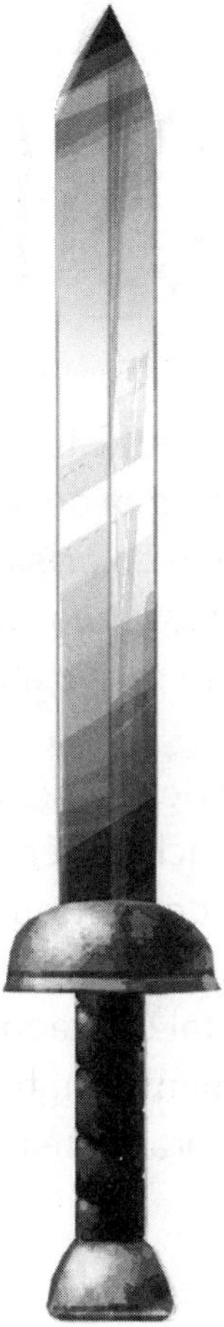

IRÍN OSUMARÈ

Ferramenta que representa simbolicamente o mito das serpentes que levavam água do Ayé para o Òrun. Ela nos faz relembrar a passagem do òrìṣá no Ayé em um dos seus atos em que, após se arrastar no chão, toma a água e a borrifa para o alto.

Tem ainda a característica de demonstrar sua dualidade, sendo que as cobras macho e fêmea nos proporcionam a ideia de continuidade.

É confeccionada em metal dourado, mas encontramos também a forja desta ferramenta em ferro, em algumas raízes e nações diferentes. A cobra fêmea encobre a cobra macho.

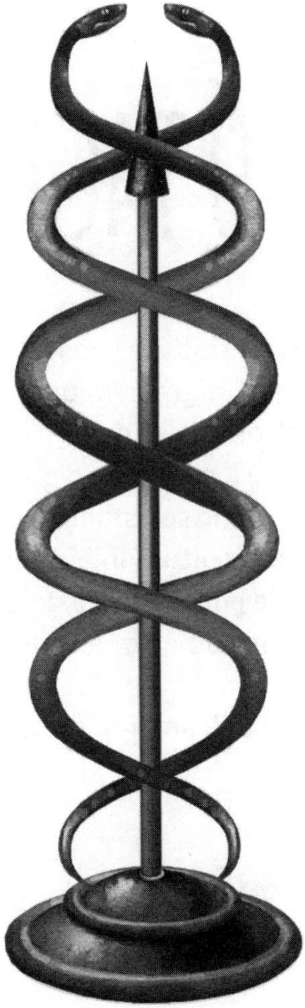

IKÓ JAGUN

O elemento Dan é inserido em seu ikó a partir do momento em que o òrìṣá Jagun migra para um povo antigo, distante de sua terra Ekiti Ifòn. Ele se depara com o òrìṣá Ògé, que promove mudanças e a cura para o guerreiro funfun que se encontrava enfermo. Ele se estabelece então em terras de Obalúayé e assimila a cultura Injènà. Este é o momento em que Ṣóponón insere em sua lança de guerra o mesmo elemento encontrado no òpèrè Ògé: a serpente.

Confeccionado unicamente em ferro esmerilado.

ARO JAGUN

Adorno do òrìsá Jagun, encastoado com a mítica serpente do Daomé.

Confeccionado unicamente em ferro esmerilado.

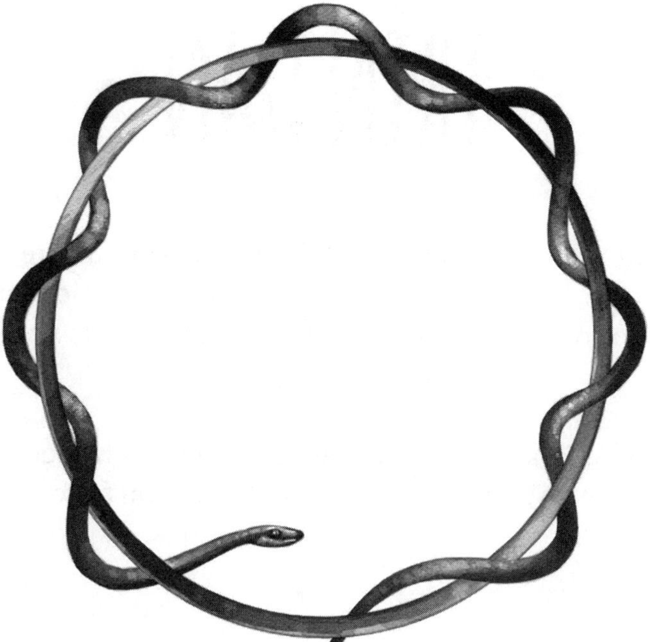

IRÍN DAN

Apetrecho de igbá representativo do òrìsá Osumarè com características individuais, designando um único sexo. Faz-nos recordar o cordão umbilical, que é regido por Osumarè, e tudo que se alonga e evolui.

Confeccionado em cobre para o macho e metal dourado para a fêmea. Encontramos ainda em ferro.

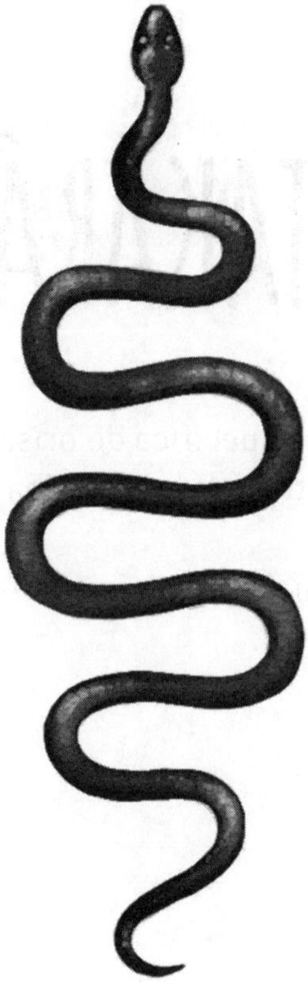

TAKARÁ

Ferramenta sagrada específica do òrìsá Araká e de Gbesen, utilizada em batalhas.

Confeccionada em dois metais: prata e metal dourado.

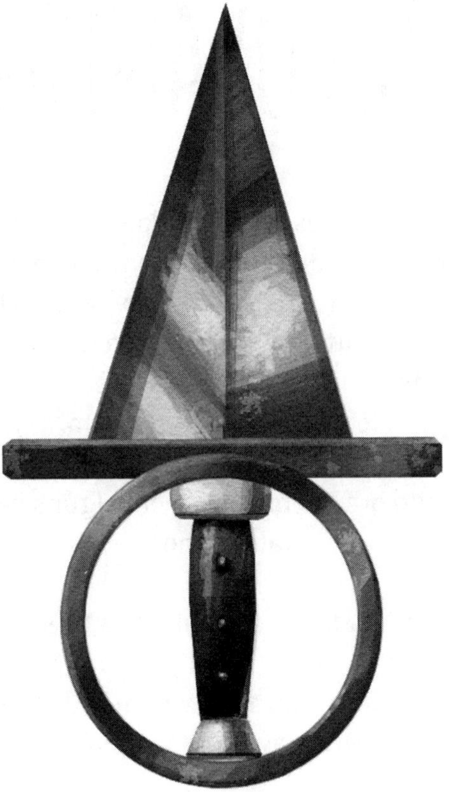

OPA OSANIYN

Esta ferramenta representa a deidade das folhas, Osaniyn. Nas suas extremidades, folhas acentuam o mito que nos faz recordar o igbò, encimado pelo pássaro kukuru idé (pássaro de ferro), utilizado pelo òrìṣá Osaniyn, que obedece aos seus desígnios e é awo das èwè e toda mágica que envolve o rei da floresta.

Confeccionado ora em ferro, ora, em alguns casos, em metal dourado.

Largamente utilizado em alguns igbás de santo considerados òrìṣá Igbò, tais como Ògún, S̱àngó, Oyá, Ọ̱sóòsi, Logun Edé, Otin, algumas Ọ̱sún, fundamentando Igbas̱é, Omolu, Obalúayé, òrìṣá Ògèrá.

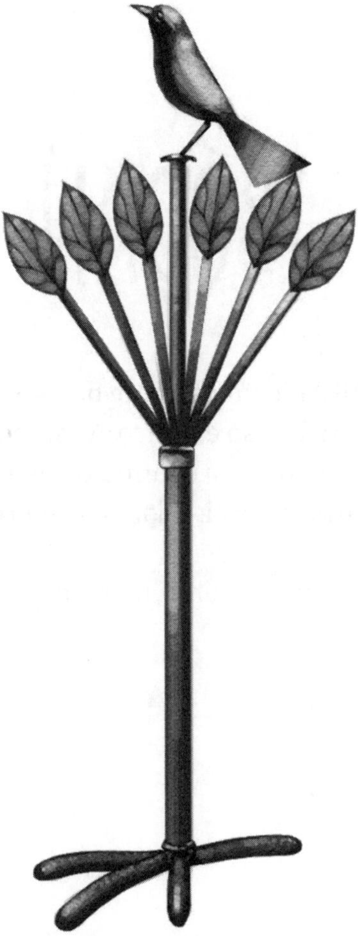

IBÓDAN

Este adorno é utilizado unicamente pelos iniciados para este òrìṣá. Tem valor religioso e mítico. A serpente morde a própria cauda indicando-nos a continuidade, a perpetuação da espécie, e seu movimento circular nos reporta a rotatividade.

Confeccionado em cobre, metal dourado e ferro.

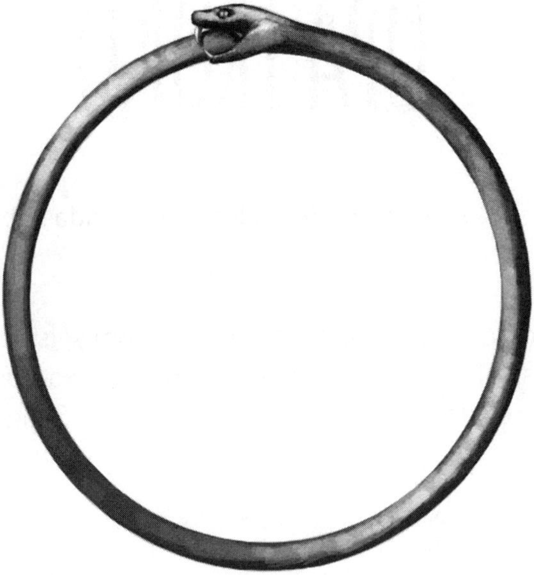

OPA ÌROKÒ

Ferramenta sagrada do òrì<u>s</u>á Ìrokò, utilizada sob as raízes do igí Ìrokò.

Confeccionada unicamente em ferro, com seis hastes pontiagudas voltadas para cima e uma para baixo, demonstrando a força de Pòsún abaixo da terra e a de <u>S</u>àngó acima.

IRÍN ALÈ

Ferramenta sagrada do òrìsá Alè oriunda da cultura Injènà, utilizada nas casas de candomblé tradicionais do Brasil.

Confeccionada em ferro, a base é uma placa de ferro com 20 orifícios onde são inseridas 20 lanças. Há fixo no centro um boneco que segura com a mão esquerda a genitália, símbolo de força máxima da deidade Èsù, e com a mão direita, mais uma lança, totalizando assim 21 setas.

A divindade Alè recebe seus sacrifícios por ocasião do ritual intitulado Olugbajé.

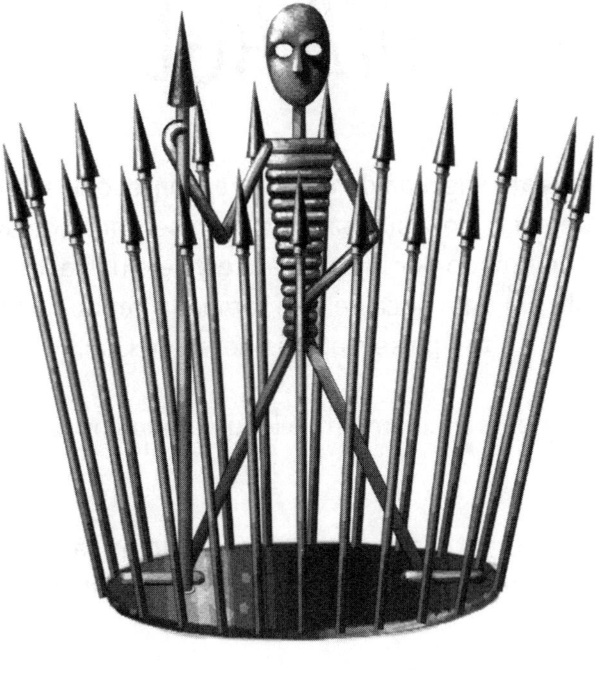

OPA AGÉ

Ferramenta sagrada do òrìsá Agé. Confeccionada unicamente em ferro, a sua base é a representação de um esé akukó, encimado por um pássaro eiyelé. Sua parte superior consiste em uma boca de Gàn tampada, tendo na borda da tampa seis outras bocas de Gàn.

O interior desta ferramenta é locupletado com àsés específicos.

Esta ferramenta faz parte individual do òrìsá Agé e compõe também o assentamento do ojúbó de Ògèrá.

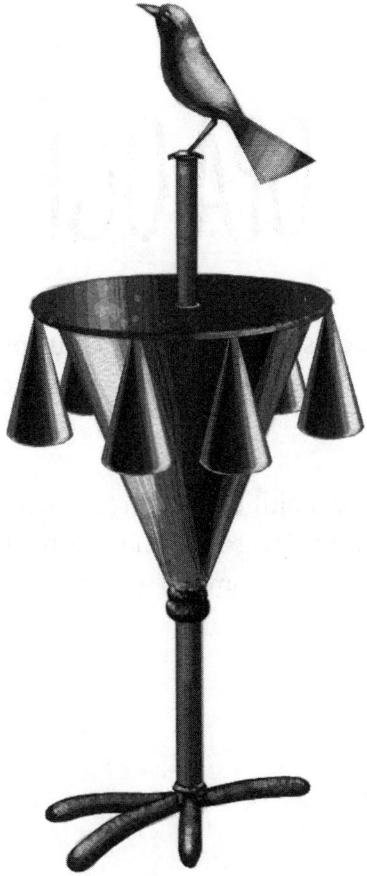

OPA OGÉ

Ferramenta do òrìsá Ogé, divindade que promove a cura. É confeccionada unicamente em ferro, com o tradicional esé akukó.

Além de compor o ojúbó de Ògèrá, é encontrado também inserido no culto a Sàngó, no qual é introduzido dentro de um chifre de boi com outros apetrechos de àsé.

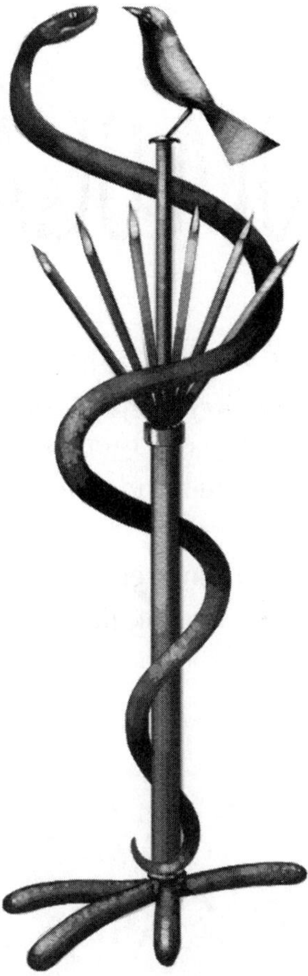

OPA ÒGÁ

Divindade guardiã de todos os que se encontram em processo iniciático e obrigacionados. Também encontramos esta ferramenta no ojúbó de Ògèrá, no grande fundamento de hondeme.

Confeccionada unicamente em ferro e com o tradicional esé akukó.

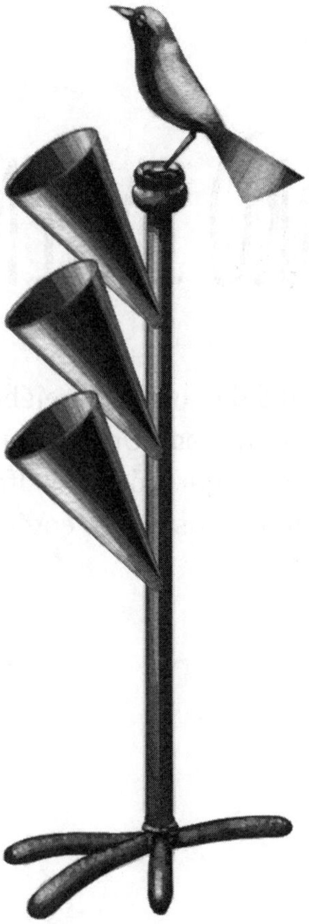

IRÍN TITÉ | FERRAMENTAS SAGRADAS DOS ORIXÁS

ÒRÒ INJÈNÀ

Ferramenta do Agbá da família Kerejébì, ancestral de todos esses òrìṣás. É denominado Òrò Injènà, ou seja, aquele que recebe em primeiro lugar o òrò npá oferecido por ocasião das comemorações dos òrìṣás englobados na família.

IRÍN TITÉ | FERRAMENTAS SAGRADAS DOS ORIXÁS

IRÍN IGÍ EṢÁ OU VÍYVÍY

Ferramenta mítica sagrada, representação máxima do Igí Eṣá (Árvore Ancestral), de onde pendem todas as insígnias de òrìṣá.

Confeccionada em ferro e do tamanho aproximado de 50 centímetros. Encontramos este ferro no àṣé central, no Igbaṣé.

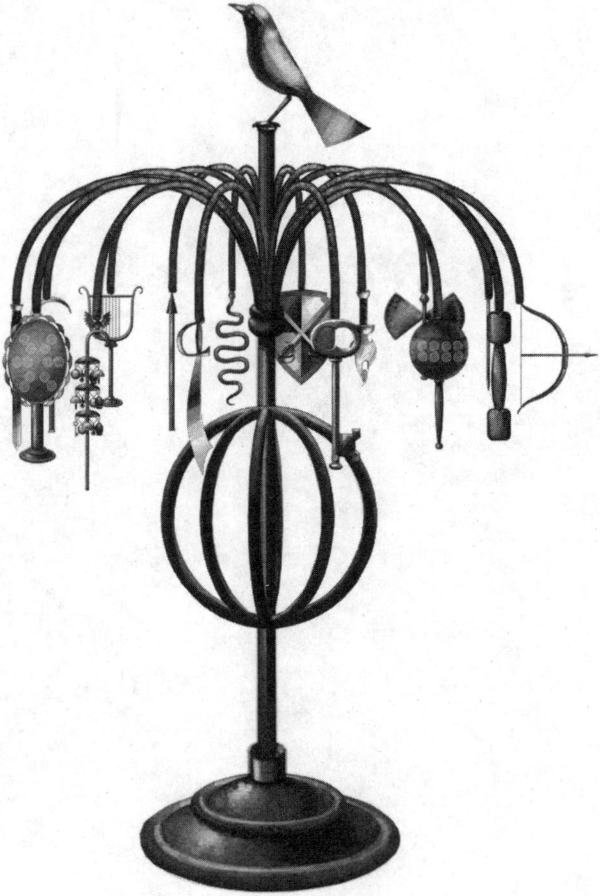

IRÍN LOGUN EDÉ

IRÍN TITÉ | FERRAMENTAS SAGRADAS DOS ORIXÁS

ALAGORÒ LOGUN EDÉ

Ferramenta pertencente à divindade Logun Edé, compondo seu complexo ojúbó sagrado. Nesta trindade de bocas de Gàn percebemos a presença dos òrìṣás Òṣún, Logun Edé e Òṣóòsi. A sua bandeira, que pende para o lado direito, assinala sua classificação òtún no culto aos òrìṣás, diferentemente de seu pai Òṣóòsi, que é considerado òrìṣá òsí.

Confeccionada unicamente em metal dourado.

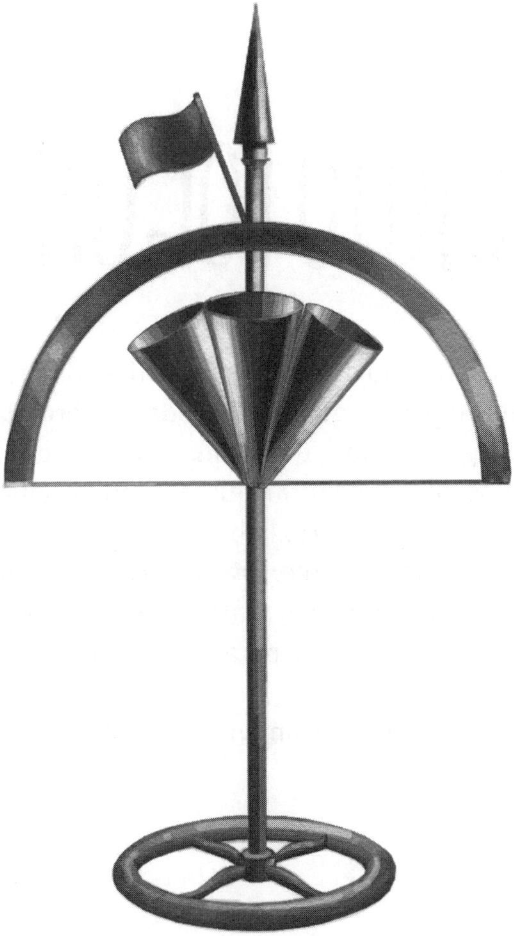

IRÍN TITÉ | FERRAMENTAS SAGRADAS DOS ORIXÁS

GBOJUTÓ LOGUN EDÉ

Eis a representação de Gbojutó, guardião do òrìsá Logun Edé, aquele que o resguarda em todas as jornadas, tendo ainda o cargo de cuidar do seu material de pesca e distribuição dos peixes, de forma justa e equilibrada, em seu povoado às margens do rio Ilobú. Esta mesma deidade zela por toda a família de Erinlé. Ora se apresenta com uma fisga e um peixe, ora com dois pratos de balança, nesta forma mais precisamente para o òrìsá Logun Edé.

Confeccionada unicamente em metal dourado.

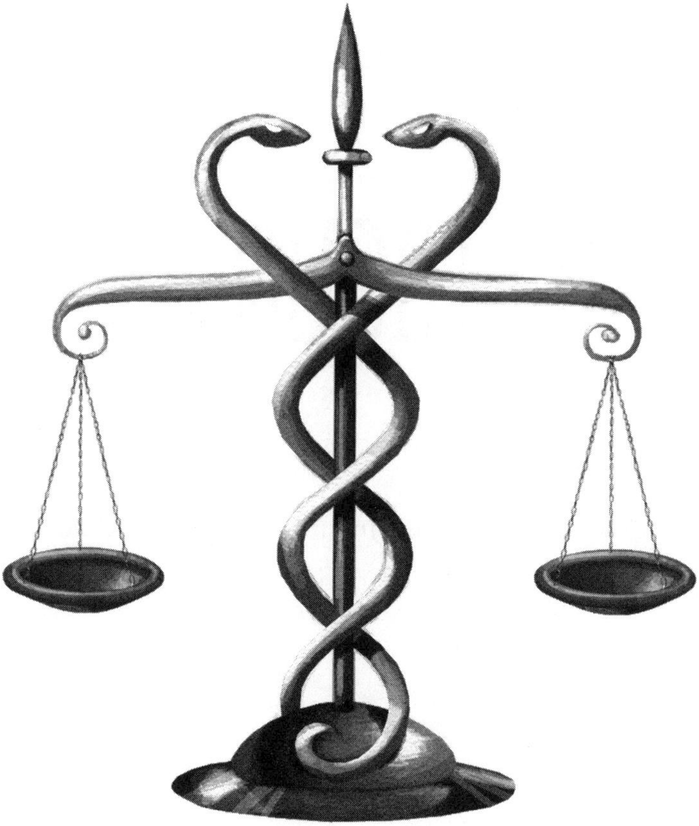

IRÍN TITÉ | FERRAMENTAS SAGRADAS DOS ORIXÁS

IDÉ LOGUN EDÉ

Adorno do òrìṣá Logun Edé, de onde pende um ejá.

Confeccionado unicamente em metal dourado.

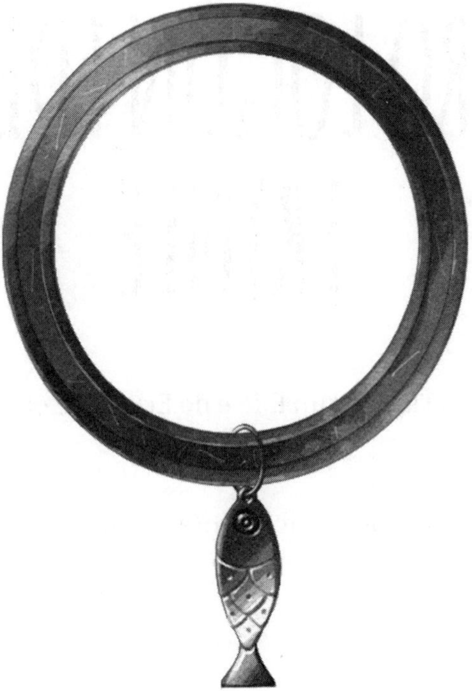

IRÍN TITÉ | FERRAMENTAS SAGRADAS DOS ORIXÁS

ARO LOGUN EDÉ E ERINLÉ

Adorno do òrìsá Logun Edé e de Erinlé, de onde pendem peixes e ofás.

Confeccionado unicamente em metal dourado.

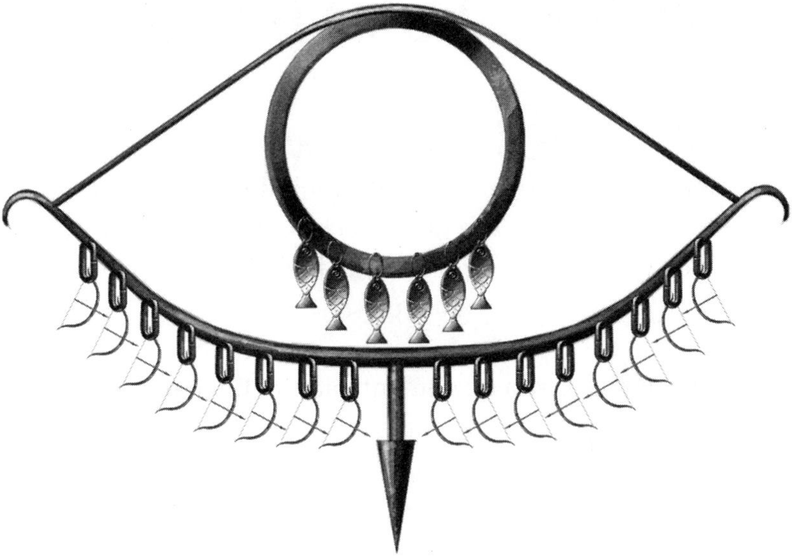

ABEBÉ LOGUN EDÉ

Paramento de mão do òrìṣá Logun Edé e de Òṣún Yeye Okè. Tambem é utilizado em um determinado preceito no fundamento de plantar àṣé juntamente com a èwè Aféré, conhecido símbolo representativo da felicidade plena de todo omó òrìṣá.

Confeccionado unicamente em metal dourado.

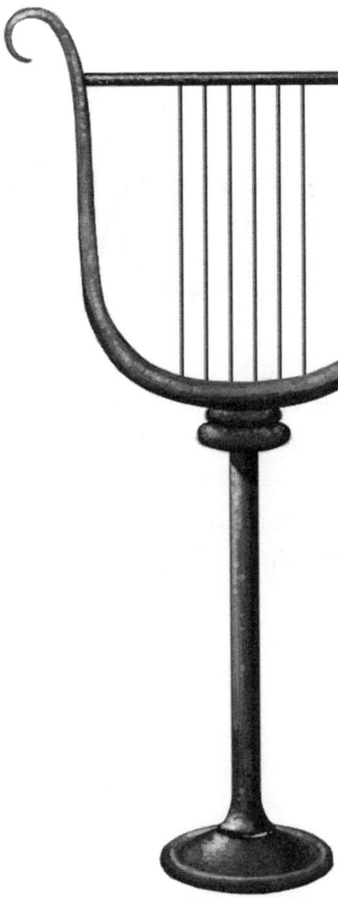

ÈWÒN LOGUN EDÉ

A penca de Logun Edé é utilizada em seu assentamento ou adornando seu corpo sobre a indumentária.

Confeccionada em metal dourado, ela poderá ter entre 30 e 90 centímetros.

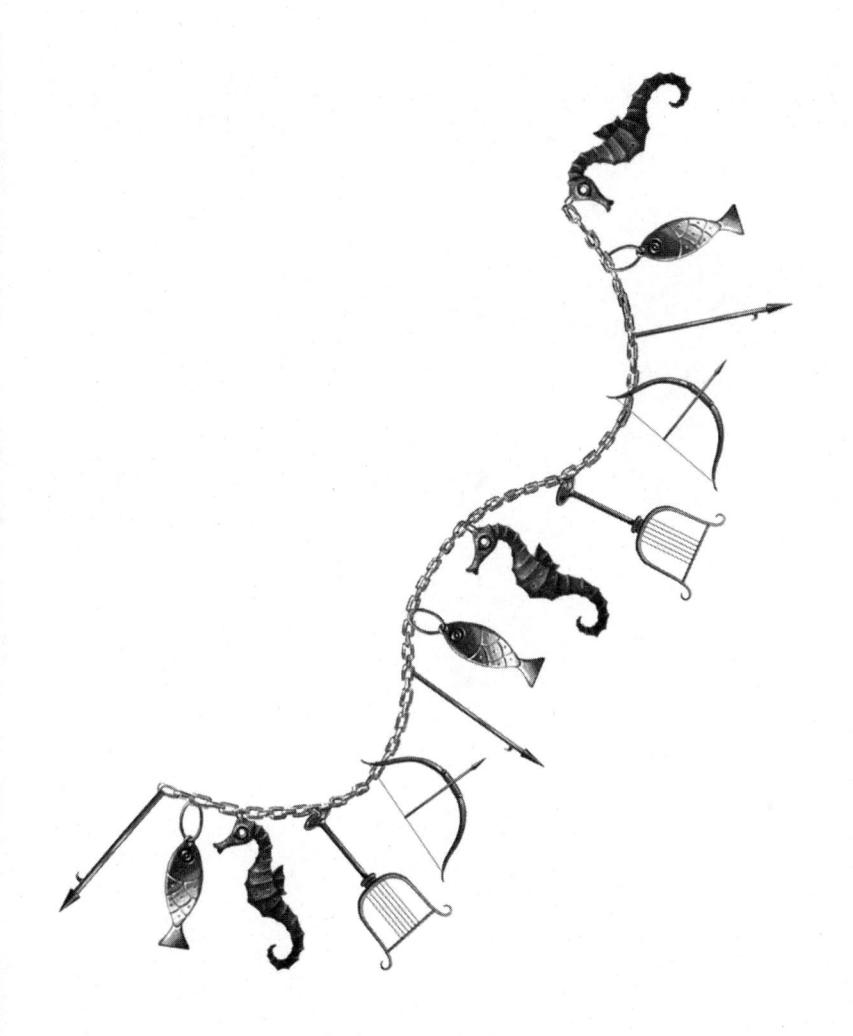

IRÍN ÒSÚN

ARO ÒSÚN

Adorno do òrìṣá Òṣún, também usado por Oyá, Yemoja e Óòṣáálá. É confeccionado em três tamanhos diferentes e forjado em metal dourado, cobre ou prata, variando de acordo com cada òrìṣá.

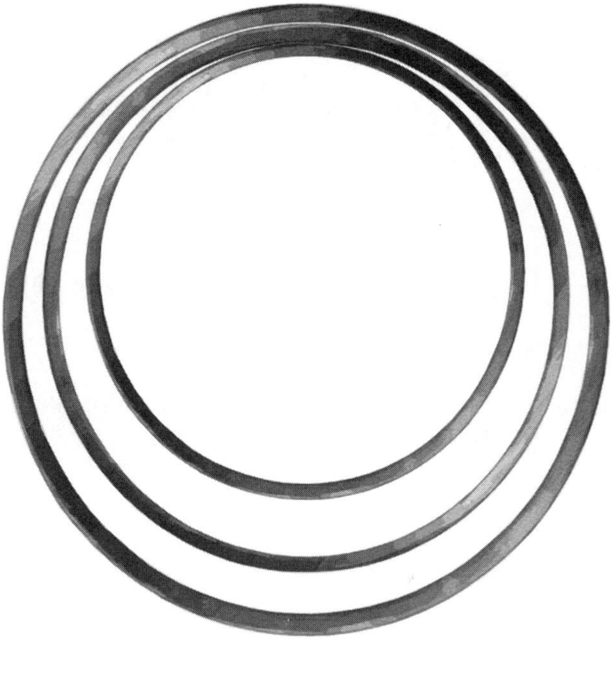

KONDÒ ÒSÚN

Adorno do òrìṣá Òṣún. O nome *kondò* nos faz lembrar uma espécie de escrava.

Confeccionado unicamente em metal dourado, mais grosso que os demais adornos de braço.

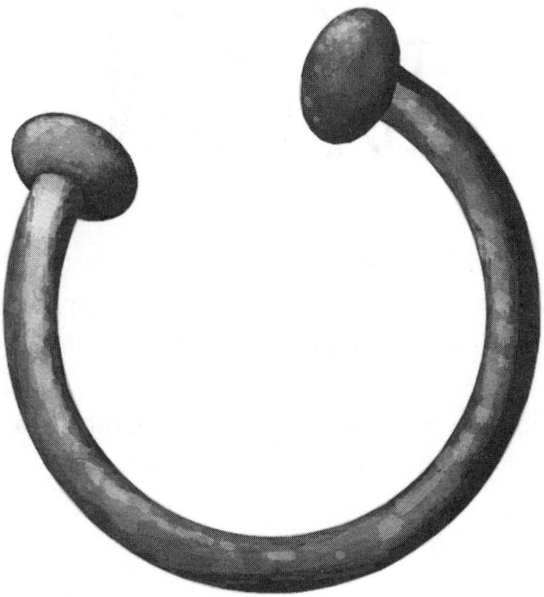

IRÍN TITÉ | FERRAMENTAS SAGRADAS DOS ORIXÁS

IDÉ ÒSÚN

Adorno do òrìsá Òsún, também usado por Oyá, Yemoja, Óòsáálá. É complemento de seus ojúbós, representação mítica de continuidade e perpetuação do culto.

Confeccionado em metal dourado, cobre ou prata, variando de acordo com cada òrìsá.

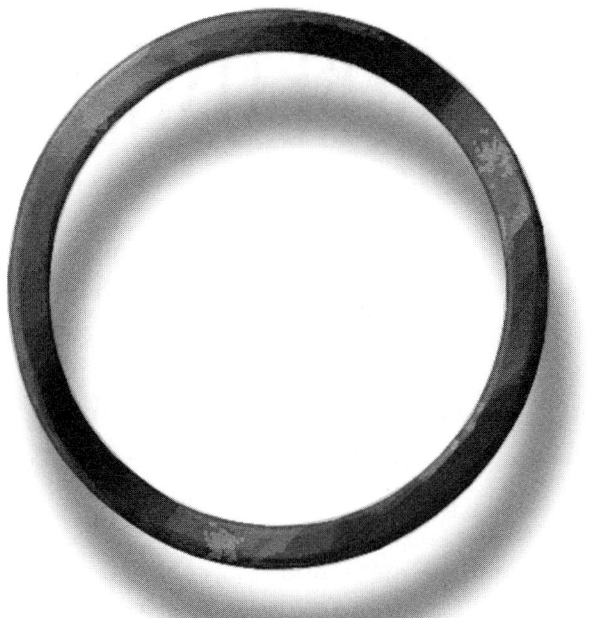

ABEBÉ ÒṣÚN

Paramento do òrìṣá Òṣún, ora considerado como leque, ora como espelho. Mas há maior lógica no mítico pensamento de que retrataria o útero desta iyagbá, visto que, no passado, era usado com um fitilho que tinha uma ponta presa ao seu cabo e a outra ponta, à cintura de uma boneca: o abebé representava o útero, o fitilho, o cordão umbilical, e a boneca, o feto.

Confeccionado em metal dourado, cobre ou prata, variando de acordo com cada òrìṣá.

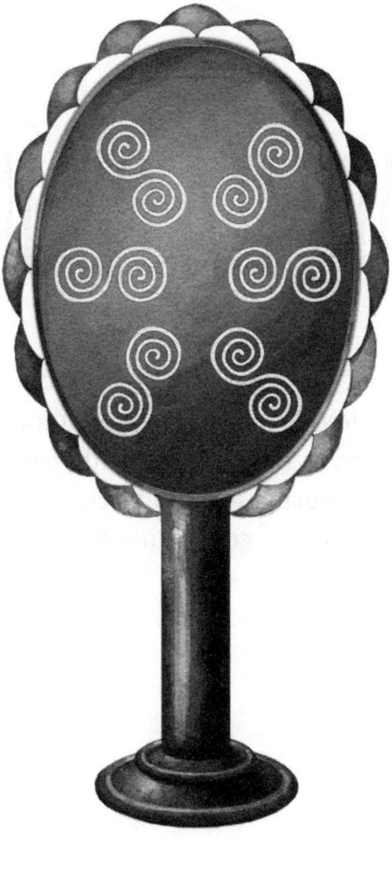

ADAGA ÒSÚN

Paramento de mão do òrìsá Òsún, também usado por Oyá e Yemoja. Símbolo de força e guerra, compreendido apenas para as santas guerreiras. Encontrado em diversos materiais, variando conforme a deidade. Do tamanho aproximado de 40 centímetros.

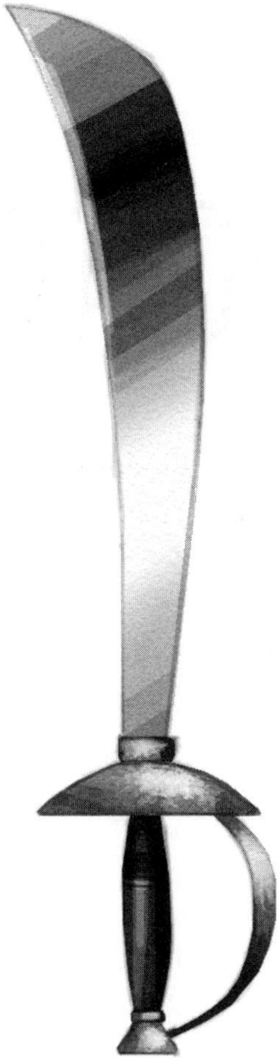

AKUAGBA ÒSÚN

Divindade símbolo de fertilidade e fecundação, muito propagada na cultura africana.

Ferramenta encontrada em diversos materiais, como metal e madeira.

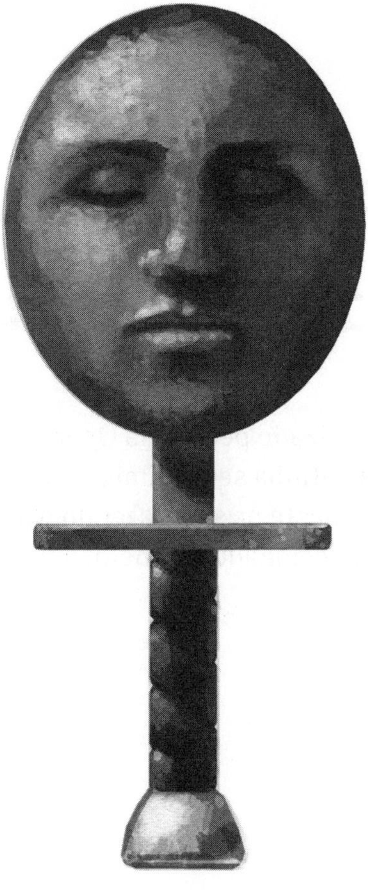

ÓGIGÍ YPONDÁ

Par de fisgas utilizado pelo òrìṣá Òṣún Ypondá, que com elas dominava e detinha seus inimigos. Também ostentado sobre os ombros deste òrìṣá, e fazendo parte de seu ojúbó. Confeccionado em metal dourado.

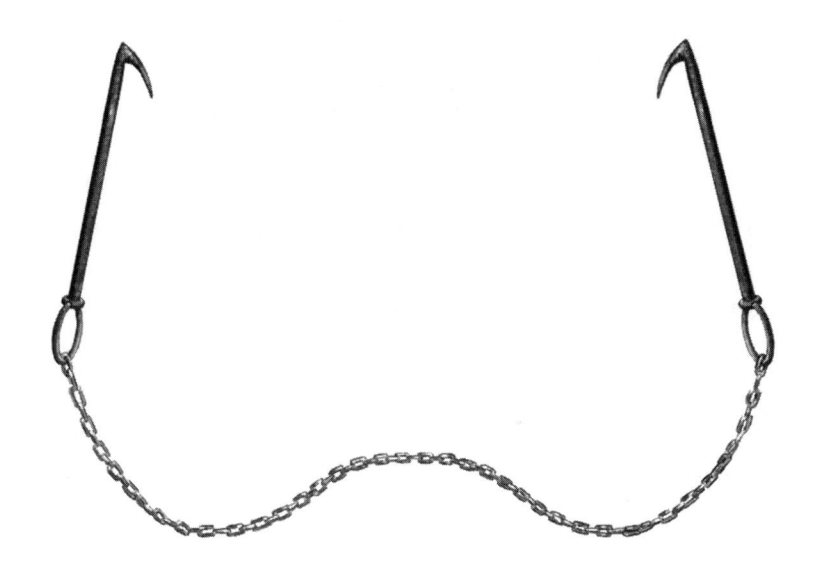

EDAN OPARÁ

Ferramenta sagrada pertencente à Sociedade Ogboni e utilizada em alguns outros cultos à parte, como símbolo de união, presença e poder. A partir desta união, selada no passado para que houvesse a harmonia entre os seres, especula-se a possibilidade de os poderes de Iyámi e Egungun entrarem em um processo de simbiose, em que as duas deidades se mesclariam em prol de um único objetivo.

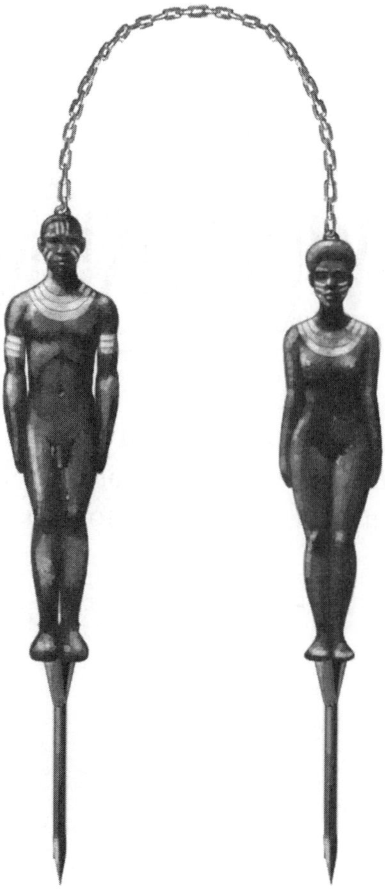

ÈWÒN ÒSÚN

A penca de Òsún é utilizada em seu assentamento ou adornando seu corpo sobre a indumentária. Confeccionada em metal dourado, poderá ter entre 30 e 90 centímetros.

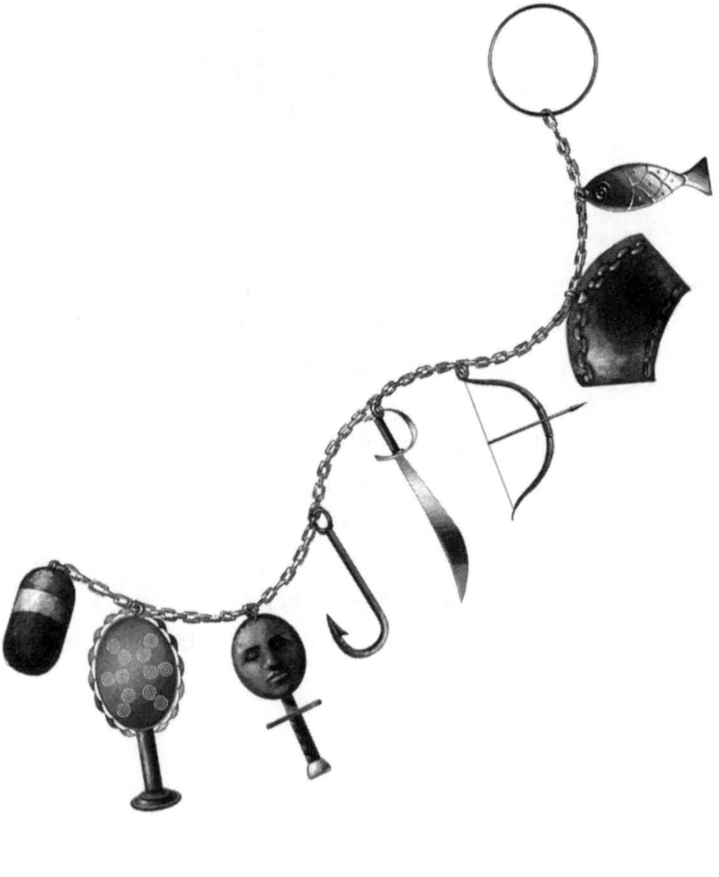

OPA ÒSÚN

Este assentamento é representado por um galo sobre uma haste. Ele nunca dorme e nunca cai, sempre se mantém firme e de pé.

Òsún representa a ligação entre a Terra e o Céu, ou seja, o mundo material e o céu metafísico habitado por diferentes entidades espirituais.

Este òrìsá tem a forma desfigurada e imperfeita. Trabalha diretamente com Orunmilá e se alimenta das mesmas oferendas de Orunmilá.

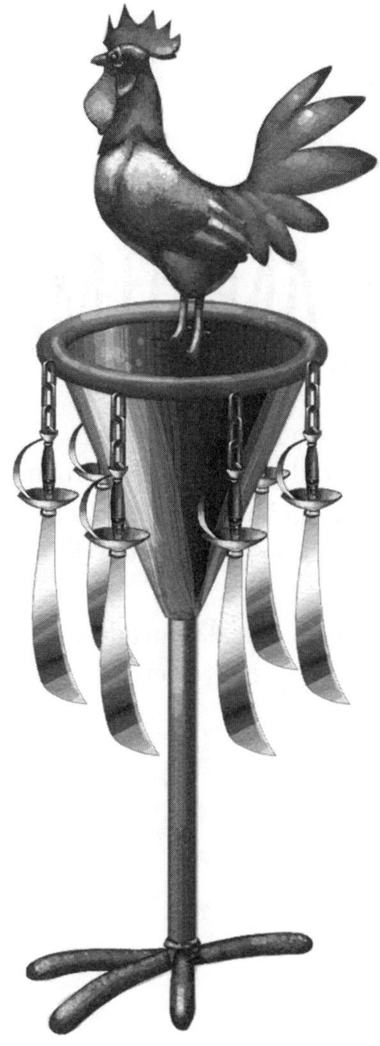

EGAN IJÍMUN

Paramento ostentado pelo òrìṣá Òṣún Ijímun, representante máxima das agbá òbìrín. Nele encontramos o poder da pena, a simbologia de Iyami Eiyelé (Minha Mãe Pássaro).

Confeccionado em metal dourado e com a altura de 40 centímetros.

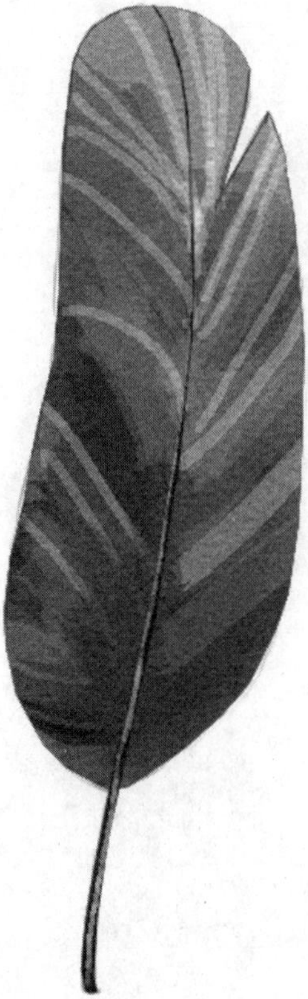

IRÍN ÒBÁ

IRÍN TITÉ | FERRAMENTAS SAGRADAS DOS ORIXÁS

ONIGBEJÁ ÒBÁ

Paramento de mãos do òrìsá Òbá. A santa ostenta em sua mão esquerda o escudo de suas passagens em batalha junto ao òrìsá Sàngó.

É confeccionado em cobre e em outros materiais, de acordo com cada òrìsá, em tamanho aproximado de 40 centímetros, fazendo parte também de seu ojúbó.

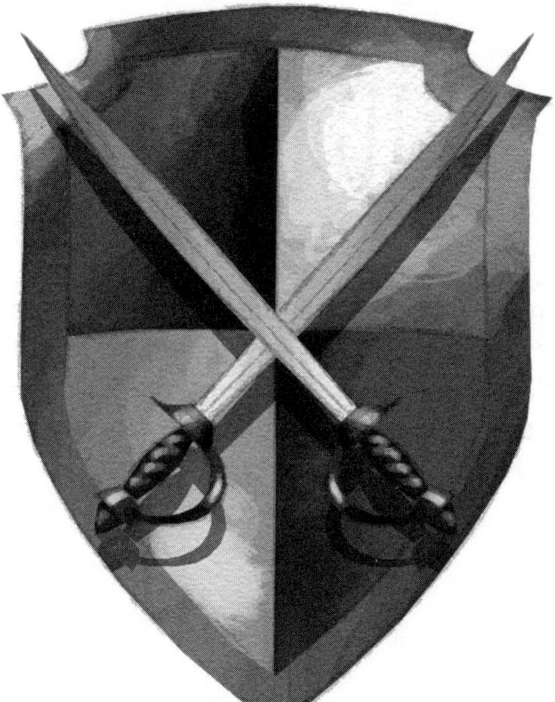

IDÁ ÒBÁ

Paramento de mão do òrìsá Òbá. Símbolo de força e guerra, compreendido apenas para as santas guerreiras. Encontrado em diversos materiais, variando conforme a deidade, e do tamanho aproximado de 40 centímetros.

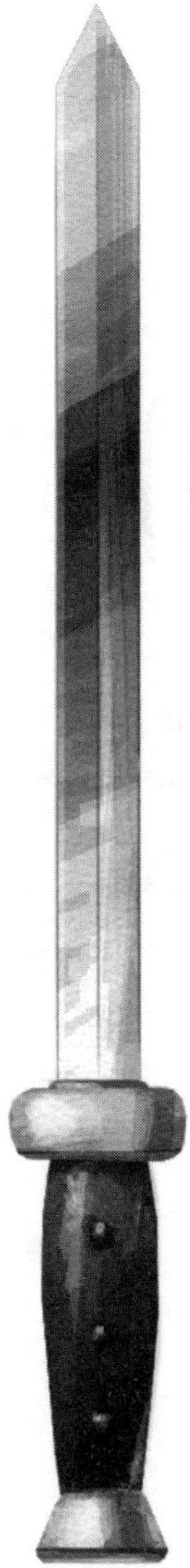

ÈWÒN ÒBÁ

A penca de Òbá é utilizada em seu assentamento ou adornando seu corpo sobre a indumentária.

É confeccionada em cobre e poderá ter entre 30 e 90 centímetros.

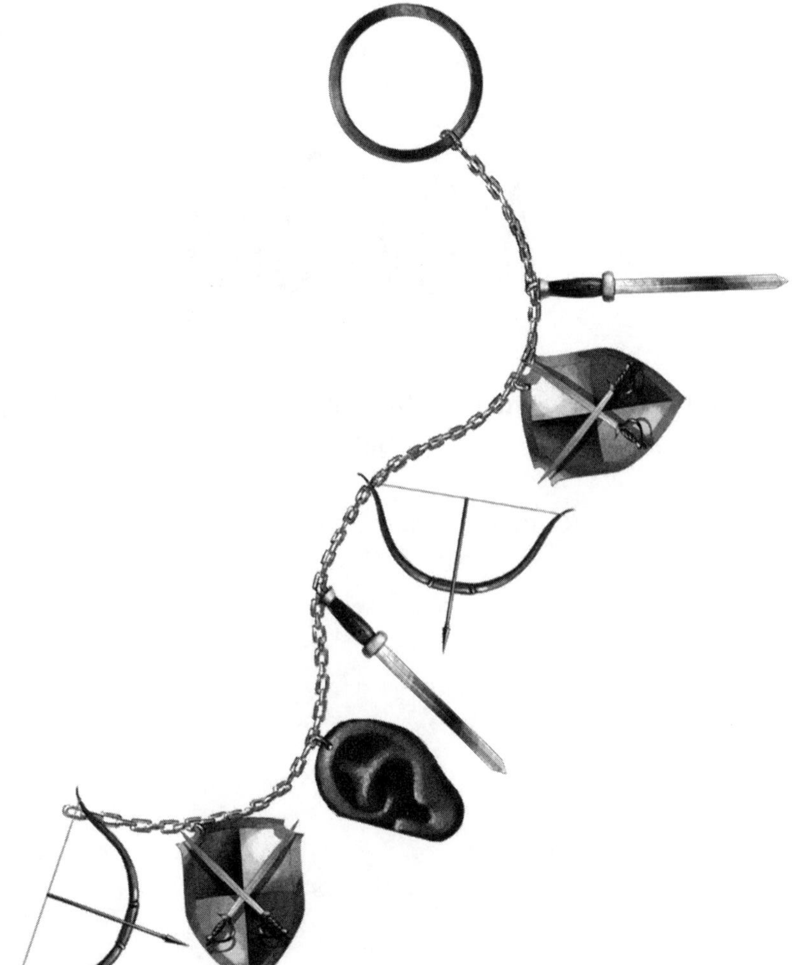

ALÓVI ÒBÁ

Dedal utilizado em assentamento dos òrìsás Òbá e Yemoja Sabá.

Confeccionado em cobre e prata.

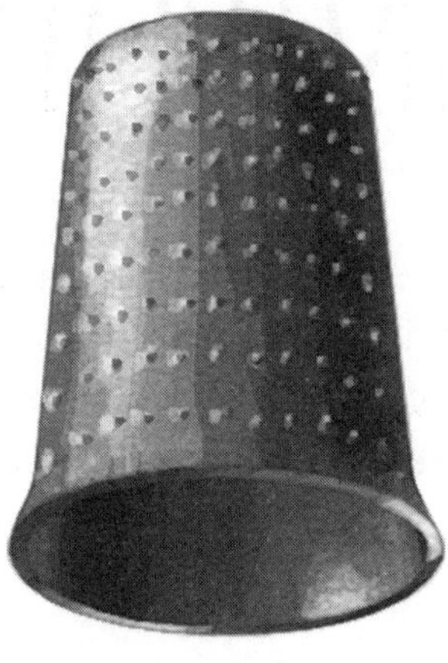

OKUTÁ IDÁ

Ferramenta sagrada do òrìṣá Òbá Sagùn, encontrada em seu ojúbó. Confeccionada em cobre, é símbolo da força plena desta deidade, visto seu idá encontrar-se verticalmente sobre o ferro sagrado de Ògún.

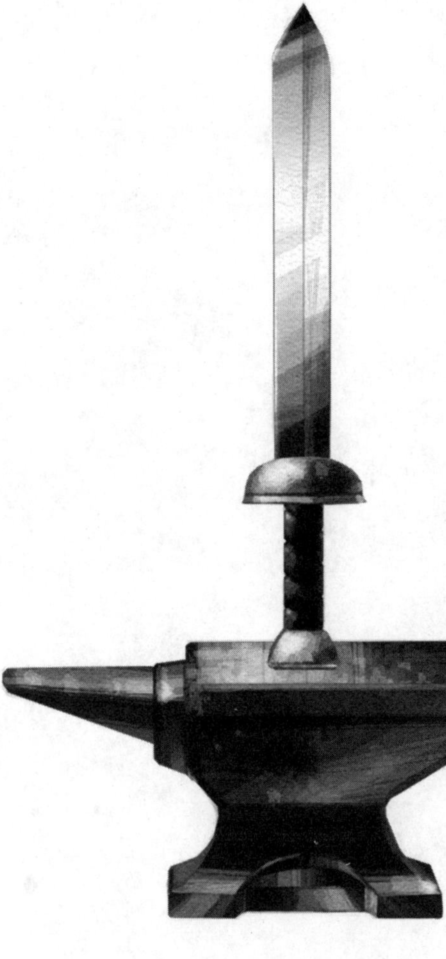

IRÍN IYEWÁ

ADÓ ARAKOLÉ

Insígnia sagrada do òrìṣá Iyewá, representação mítica de poder e magia. Iyewá guarda dentro de uma das metades desta cabaça o pó afírìmááкò, que mata com o simples contato com a pele da vítima. Na parte superior guarda o pó que a transforma em serpente e a torna invisível para o inimigo.

Encontramos esta ferramenta confeccionada em cobre, metal dourado ou cabaça com haste de madeira. Seja lá qual for sua forma de confecção, não poderá deixar de ter seu ornamento em palha sobre a cabaça.

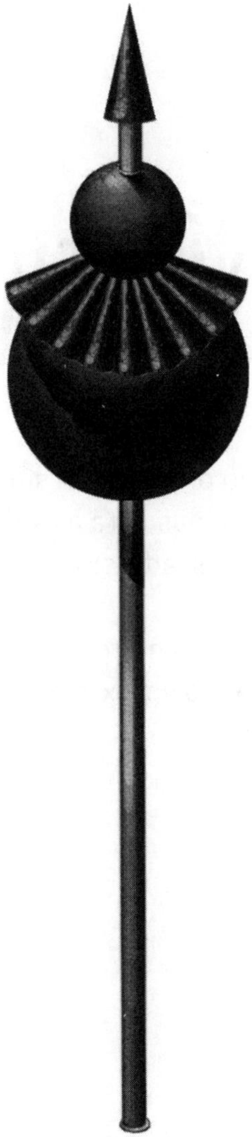

IDÁ IYEWÁ

Paramento de mão do òrìsá Iyewá, símbolo de força e guerra. Compreendido apenas para as santas guerreiras, tem uma serpente enroscada, símbolo de sua mutação.

Encontrado em diversos materiais, variando conforme a deidade, e no tamanho aproximado de 40 centímetros.

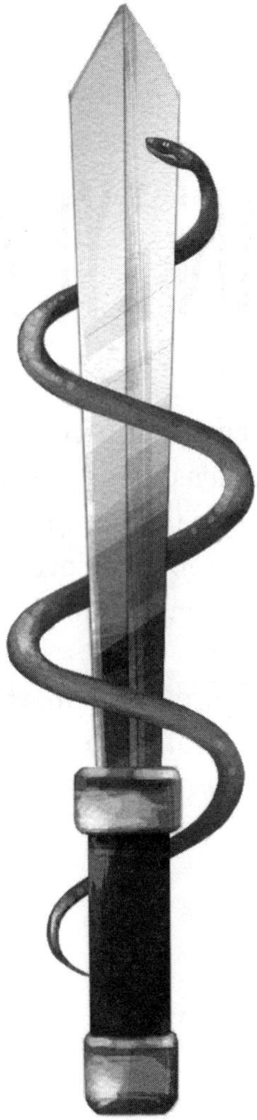

DAN IYEWÁ

Apetrecho de igbá representativo do òrìṣá Iyewá, com características individuais designadas por a serpente estar sempre de pé armando um bote, o que nos faz recordar também uma espiral, símbolo de evolução e transformação contínua.

Confeccionado em cobre ou em metal dourado, variando com o caminho do òrìṣá.

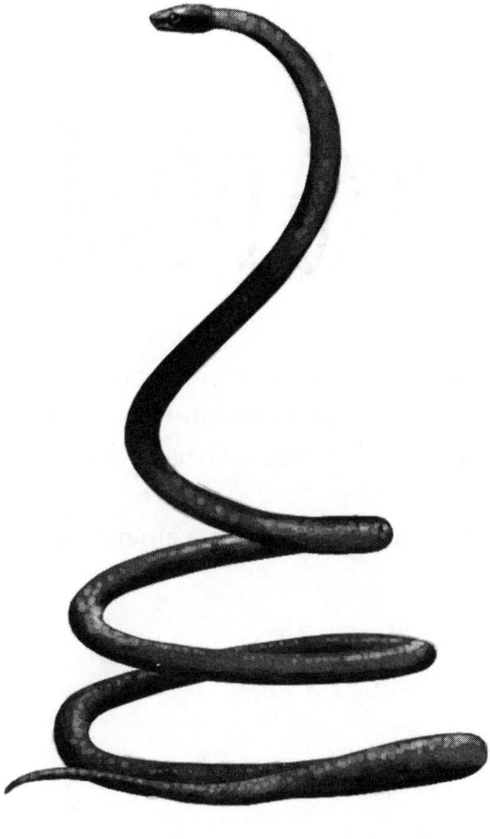

IRÍN TITÉ | FERRAMENTAS SAGRADAS DOS ORIXÁS

IKÓ IYEWÁ

Lança utilizada no ojúbó de Iyewá e como paramento de mão em saídas públicas e òrò interno. A ferramenta nos reporta também a relação deste òrìsá com a guerra e a caça.

Confeccionada em cobre e em metal dourado.

IDÉ IYEWÁ

Adorno do òrìṣá Iyewá. É encastoado com a mítica serpente, simbolizando seu dom de se transformar no animal, poder este herdado da sua mãe, a divindade das águas Iyá Kamòrè.

Confeccionado em cobre.

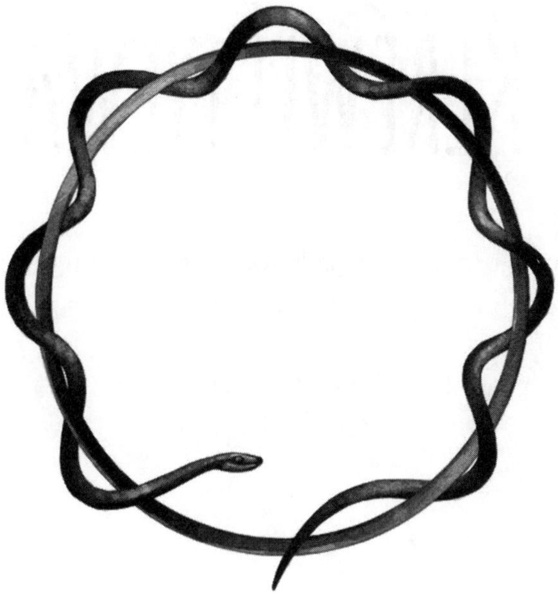

IRÍN TITÉ | FERRAMENTAS SAGRADAS DOS ORIXÁS

KERÉWÚ IYEWÁ

Adorno de braço do òrìsá Iyewá, que também faz parte de seu ojúbó.

Confeccionado em cobre.

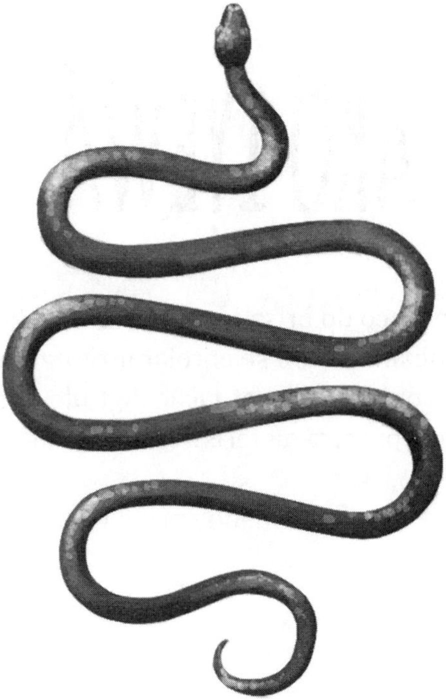

ARO IYEWÁ

Adorno de pescoço do òrìsá Iyewá. É forjado de forma circular, e simbolicamente irá se enrolar infinitamente, dando-nos a ideia de contínua perpetuação de tudo que é resguardado e puro, características deste òrìsá.

Confeccionado em cobre.

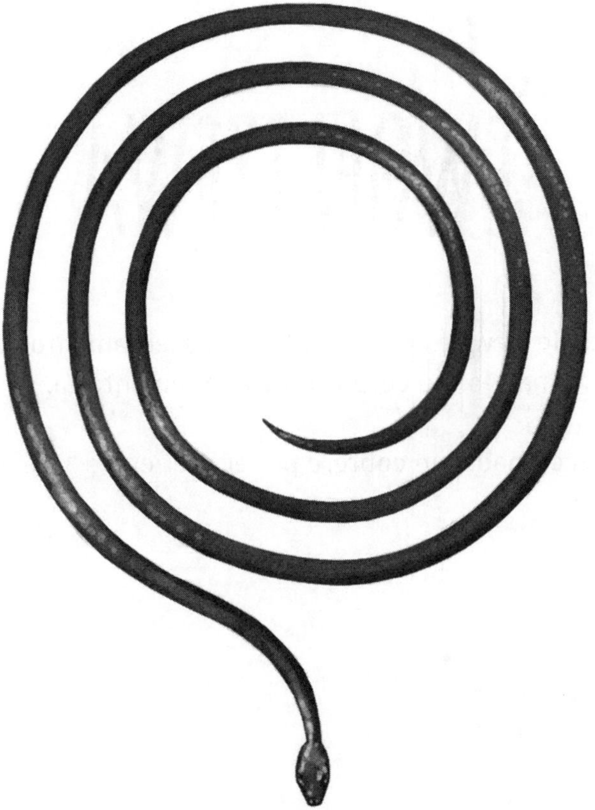

ÈWÒN IYEWÁ

A penca de Iyewá é utilizada em seu assentamento ou adornando seu corpo sobre a indumentária.

É confeccionada em cobre, e poderá ter entre 30 e 90 centímetros.

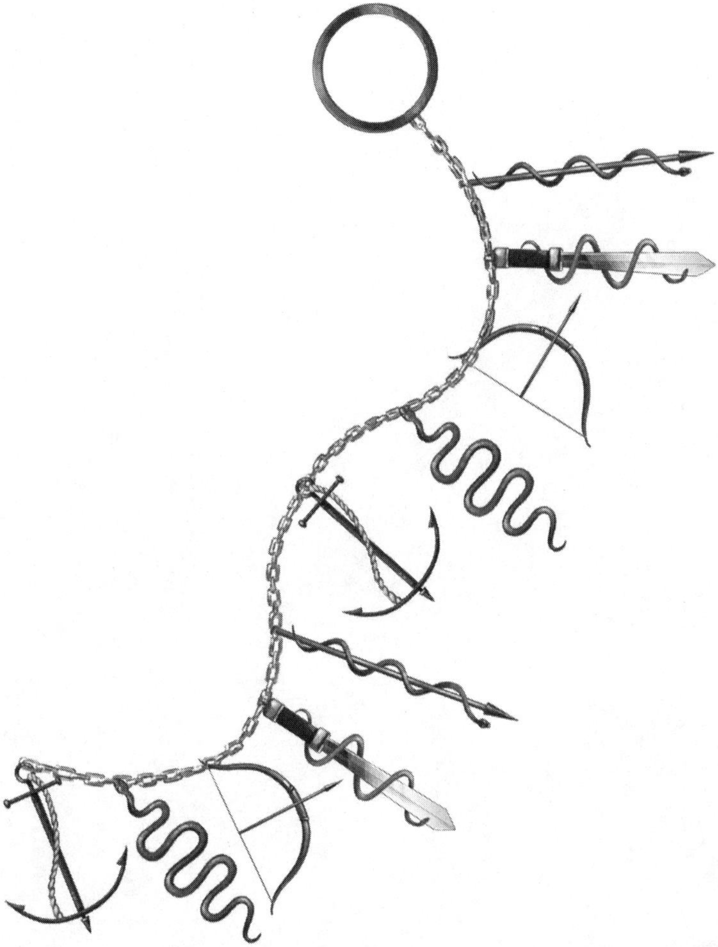

IRÍN OYÁ

DOJÉ OYÁ

Uma espécie de foicinho largamente utilizado em seus ojúbós e como ferramenta de mão nas aparições em público.

Nesta simbologia, diferentemente do facão, Oyá golpearia com o foicinho e traria até seus pés a presa perseguida, fosse ela a vida ou situações que nos acometem diariamente.

Confeccionado em cobre e ferro.

ÈWÒN OYÁ

A penca de Oyá é utilizada em seu assentamento ou adornando seu corpo sobre a indumentária.

É confeccionada em cobre, e poderá ter entre 30 e 90 centímetros.

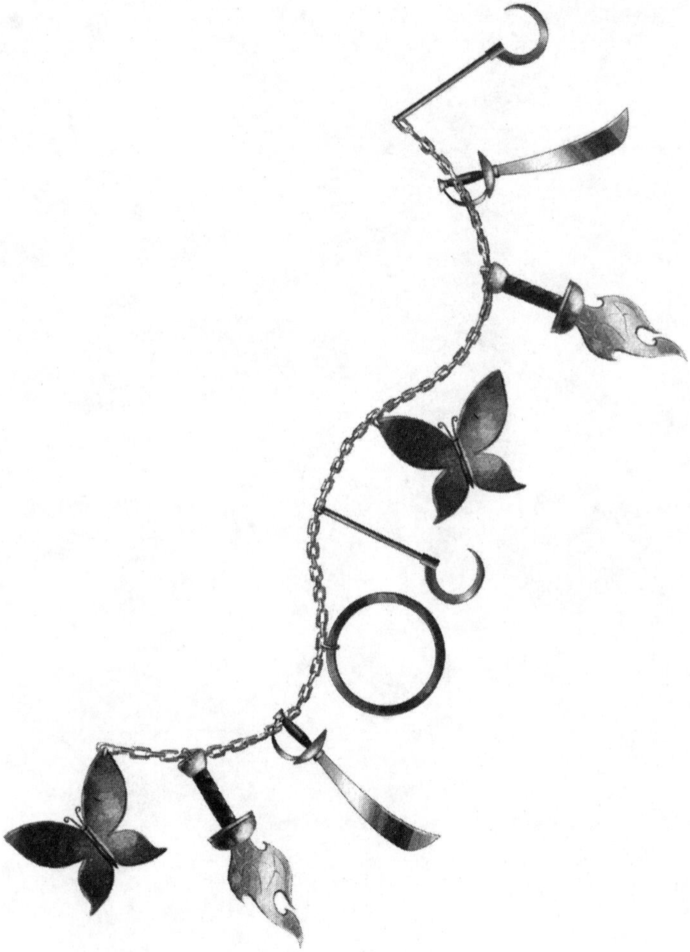

IRÍN YEMONJA

IRÍN TITÉ | FERRAMENTAS SAGRADAS DOS ORIXÁS

ÈWÒN ÒGÚNTÉ

A penca de Iyá Ògúnté é utilizada em seu assentamento ou adornando seu corpo sobre a indumentária. É confeccionada em prata e poderá ter entre 30 e 90 centímetros.

Diferente de Yemoja, Iyá Ògúnté carrega em sua penca armas de guerra, demonstrando força e fazendo alusão à sua união com o òrìṣá Ògún.

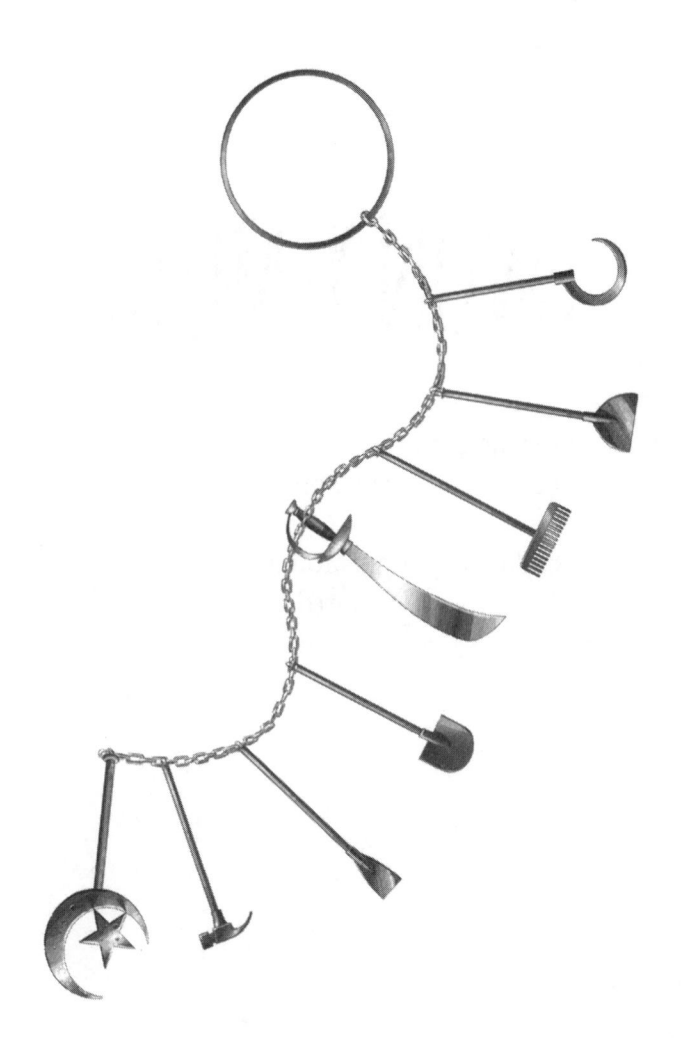

IRÍN TITÉ | FERRAMENTAS SAGRADAS DOS ORIXÁS

ÈWÒN YEMOJA

A penca de Yemoja é utilizada em seu assentamento ou adornando seu corpo sobre a indumentária.

É confeccionada em prata, e poderá ter entre 30 e 90 centímetros.

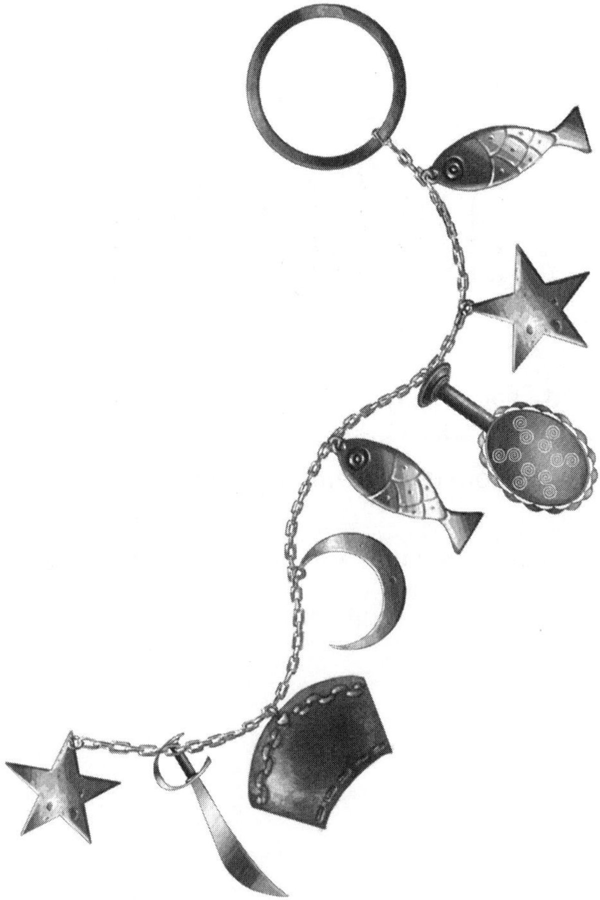

IDÁ ÒGÚNTÉ

Ferramenta sacra da iyagbá Ògúnté, òrìsá que assume características de uma exímia guerreira, tal como Ògún, òrìsá com quem caminha lado a lado.

Confeccionada unicamente em metal prateado.

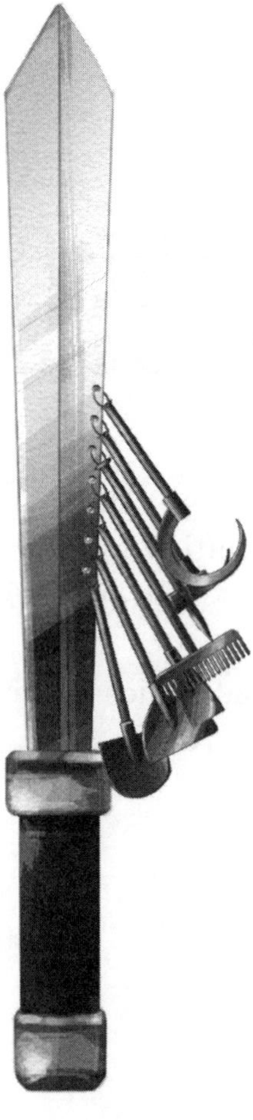

IRÍN TITÉ | FERRAMENTAS SAGRADAS DOS ORIXÁS

ABEBÉ OSUPÁ

Abebé próprio da iyagbá Òlòsá, òrìsá ligado às fases da lua, à lagoa, à figura mítica do crocodilo, reportando-se ainda ao òrìsá Nànà.

Confeccionado unicamente em metal prateado.

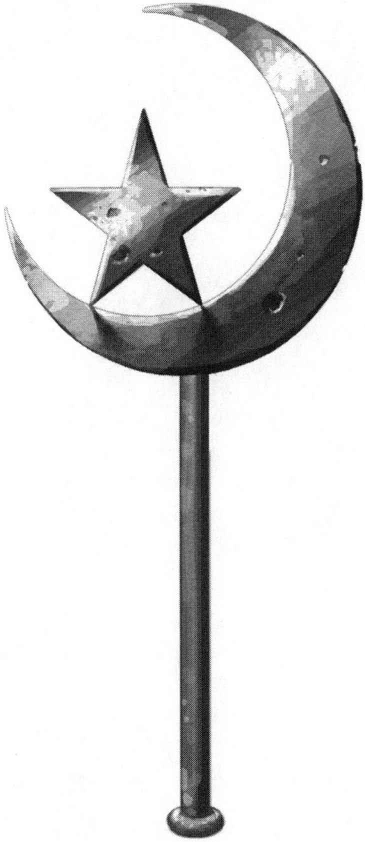

IRÍN OLOKÙN

IRÍN TITÉ | FERRAMENTAS SAGRADAS DOS ORIXÁS

EDAN OLOKÙN COM AKARÒ E SAMUGAGAWA

Esta ferramenta nos reporta a figura mítica de Aganà-Ekun Ijá Moajé, que significa "a profundidade dos oceanos, mãe dos peixes e dos caracóis do mundo".

A serpente em sua mão direita é representada pelo espírito Samugagawa e a máscara na sua mão esquerda, pelo espírito Akarò.

Confeccionada unicamente em chumbo, o que evitaria a oxidação por parte da água marinha, onde são inseridas as peças deste ojúbó.

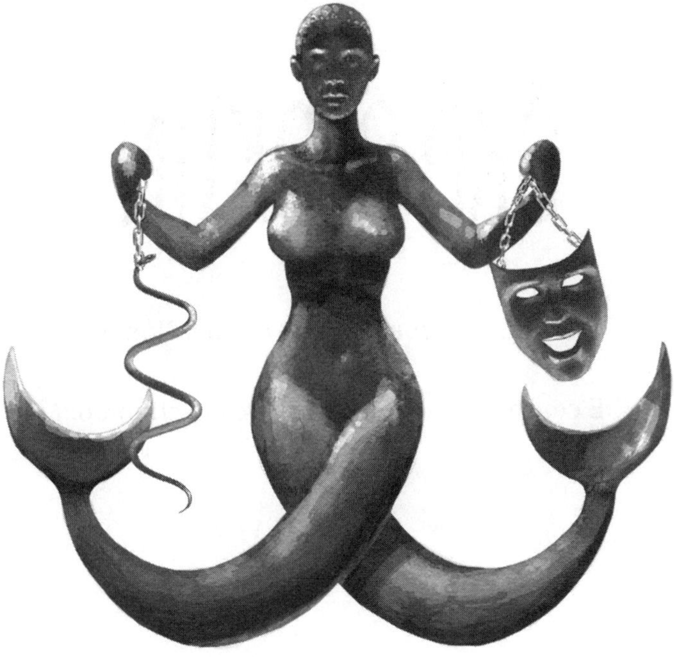

ÓKÓ OLOKÙN

Ferramenta que compõe o igbá Olokùn.

É confeccionada unicamente em chumbo.

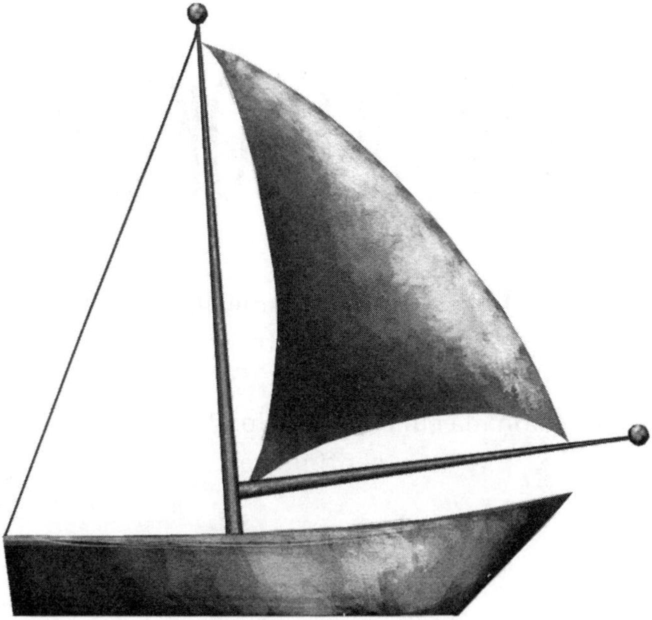

ÈWÒN OLOKÙN

A penca de Olokùn é utilizada unicamente em seu assentamento.

É confeccionada em chumbo, e poderá ter entre 30 e 90 centímetros.

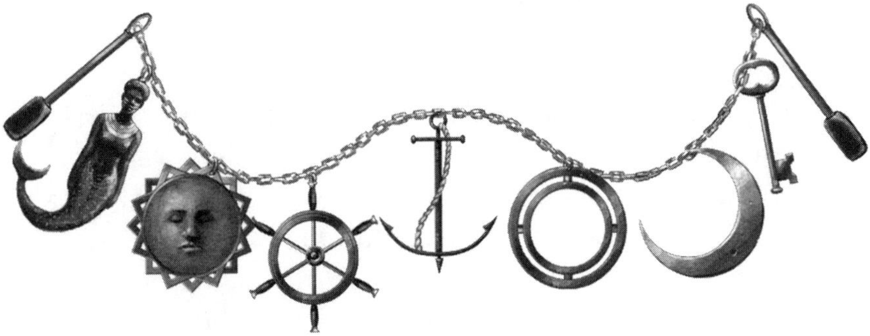

ERÉKÉS OLOKÙN

Os caminhos de Olokùn são representados pelas nove máscaras contidas em seu assentamento: a primeira em sua mão esquerda e as demais soltas em volta da boneca que a representa.

São confeccionadas unicamente em chumbo.

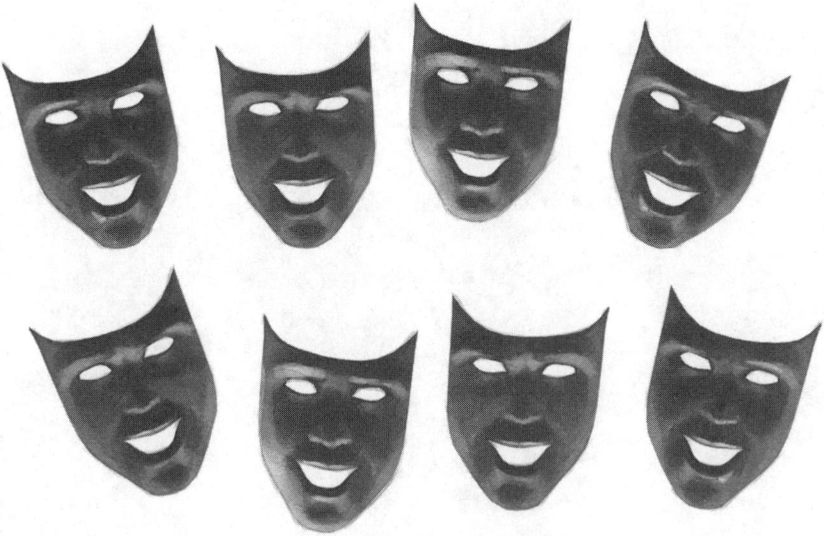

IRÍN SÀNGÓ

KASÓNGÁ

Ferramenta sagrada que representa o òrìsá Iyámásè Málè, considerada irmã de Iyá Asagbò, Yemoja e Ajè Saluga, e filha de Olokùn.

Por ocasião da festividade das iyagbás, esta ferramenta sai nas mãos do baba ou da iyá. A rotação desta peça sacra com o pássaro para cima evocaria as iyagbás; o inverso evocaria os santos gborós.

Confeccionada em ferro ou cobre, é encontrada no ojúbó desta divindade e também em todos os ojúbós do òrìsá Sàngó.

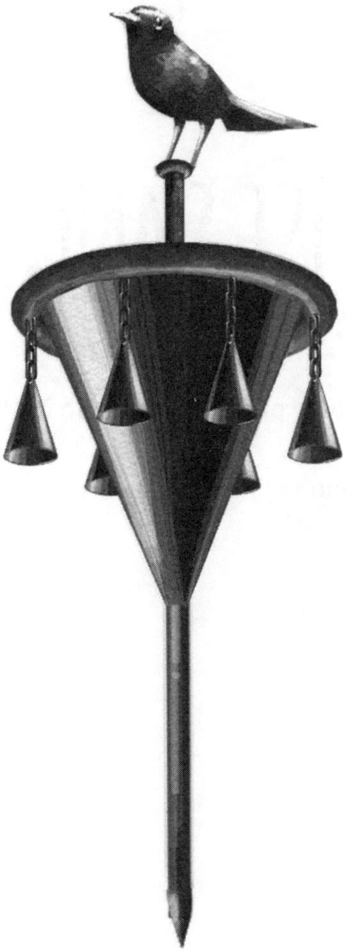

IRÍN TITÉ | FERRAMENTAS SAGRADAS DOS ORIXÁS

OSÈ SÀNGÓ

Símbolo de poder máximo do òrìsá Sàngó.

Pode ser confeccionado em metal dourado, cobre ou madeira.

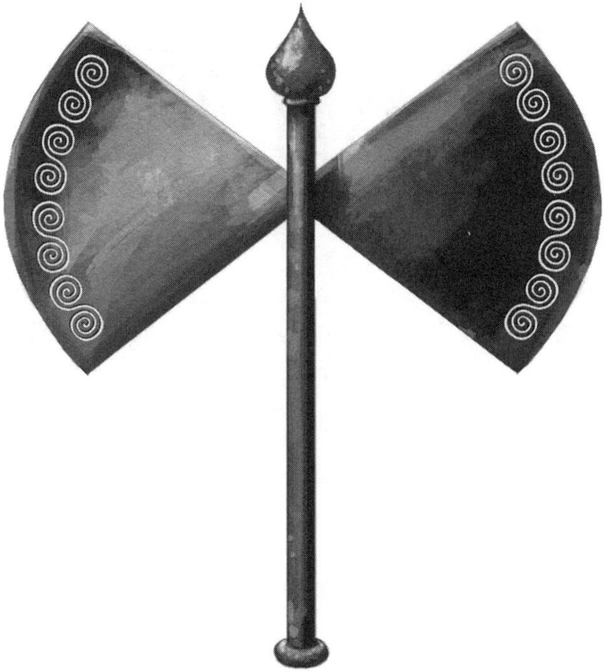

IRÍN TITÉ | FERRAMENTAS SAGRADAS DOS ORIXÁS

KASAGBÓ

Ferramenta sagrada do òrìsá Iyá Asagbò, considerada irmã de Iyámásè Málè, Yemoja e Ajè Saluga, e filha de Olokùn.

Confeccionada em cobre ou ferro.

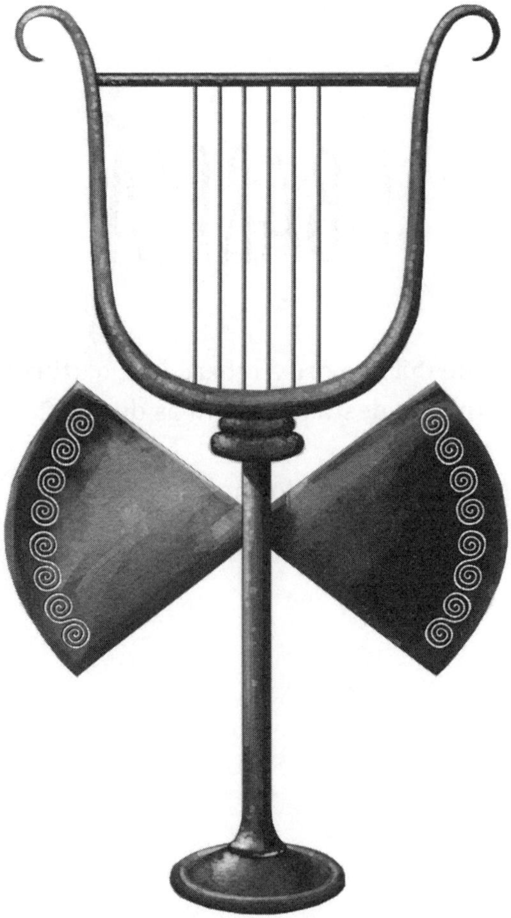

OBAREJÁ

Paramento de mão do òrìsá Igbarú, que o utiliza fazendo a rotação desta peça com as duas mãos.

Confeccionado em ferro ou cobre.

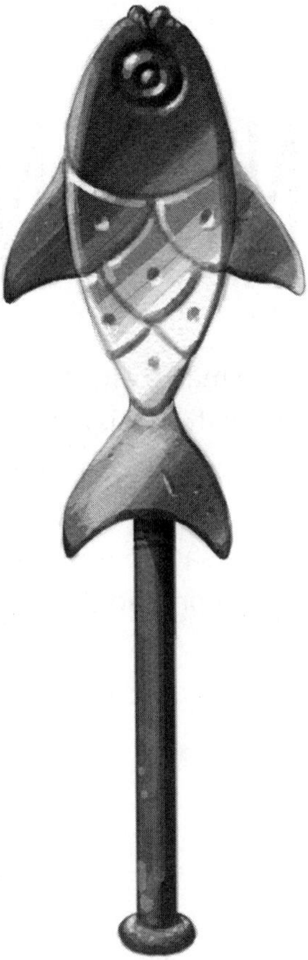

IRÍN TITÉ | FERRAMENTAS SAGRADAS DOS ORIXÁS

IRÍN AGANJÚ

Paramento sagrado de mão e ojúbó do òrìsá Aganjú, que nos faz relembrar seu caráter violento e a passagem em que Aganjú trazia na ponta de sua lança o coração dos inimigos.

Uma outra versão faz alusão ao momento em que ele conquista o coração de Ósùn.

Confeccionado em cobre e metal dourado.

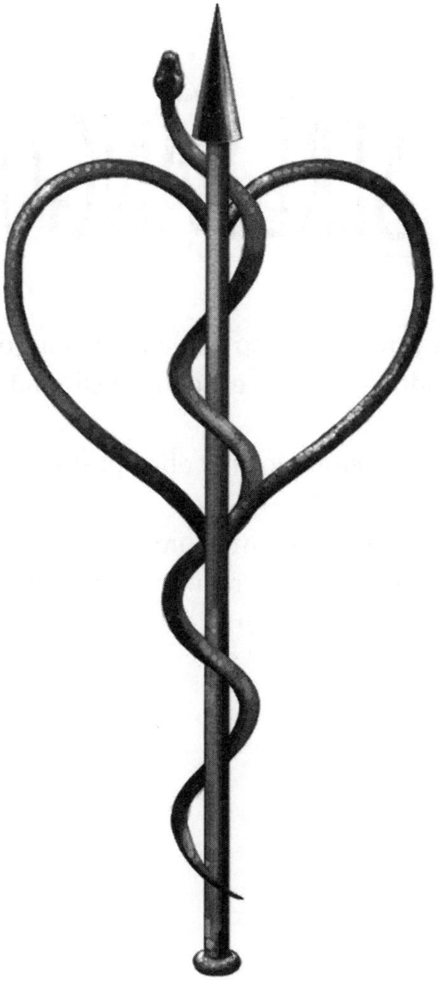

IRÍN TITÉ | FERRAMENTAS SAGRADAS DOS ORIXÁS

SÉRÈ SÀNGÓ

Símbolo de poder máximo da deidade Sàngó, onde vemos representados sua força e o cetro designador de realeza.

Pode ser confeccionado em cobre, prata e metal dourado.

É preenchido internamente com grãos de ataré, pequeninas pedras encontradas no mato, gbére do orí ajapá, orí agutan, efun, òsún e waji.

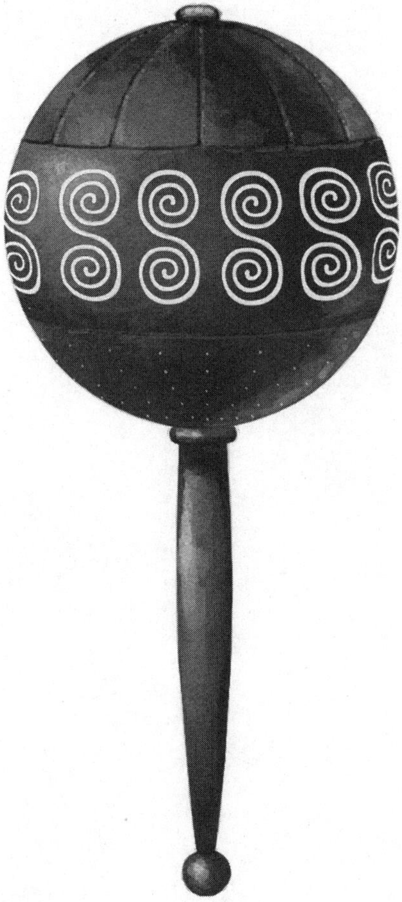

IRÍN AYRÁ

IYÁ MAMA

Ferramenta sagrada do òrìṣá Iyá Mama, considerada mãe de Ayrá.

Pode ser encontrada diretamente dentro do igbá de Ayrá ou assentada separadamente em panela de barro, junto ao ojúbó de Ayrá, com os demais apetrechos pertinentes à iyagbá.

Confeccionada em ferro ou metal prateado, sua boca de Gàn recebe uma carga específica pertinente aos awò deste òrìṣá.

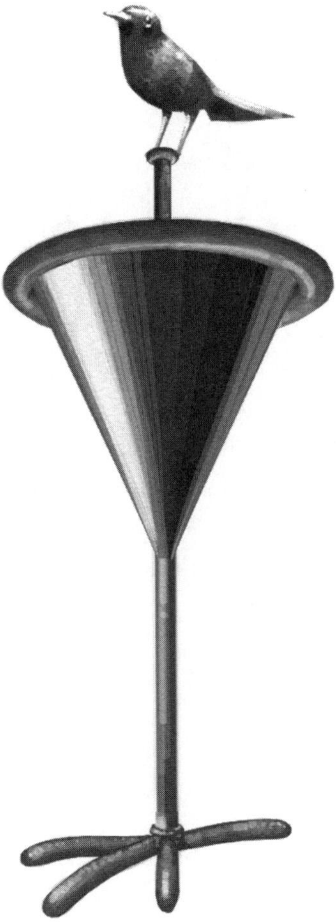

LUPÍTO

Paramento de mão do òrìṣá Ayrá, encontrado também em seus assentamentos.

Confeccionado em metal prateado ou chumbo.

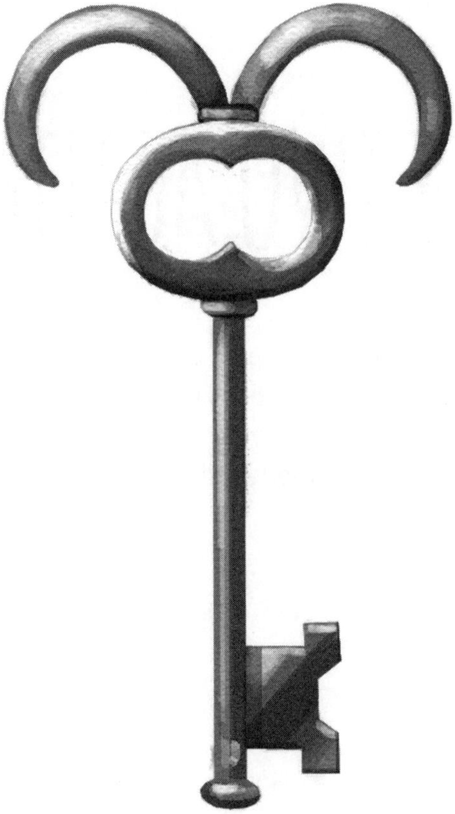

IRÍN TITÉ | FERRAMENTAS SAGRADAS DOS ORIXÁS

OSÈ IWÓ AGUTAN

O Osè, chifre de carneiro, está para Ayrá e para Sàngó assim como o ekodidé está para os iniciados, ou seja, é símbolo mítico de vitória da vida sobre a morte: o àsé deste quadrúpede aniquilaria ikú.

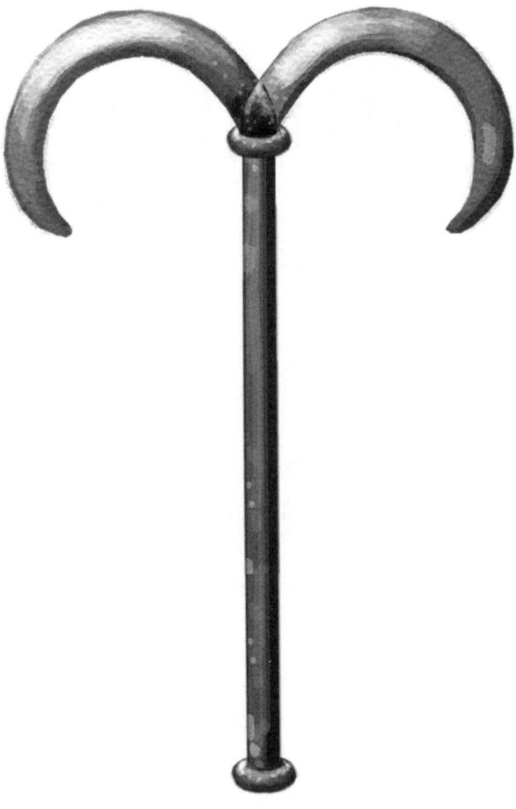

IBÓ AYRÁ

Bracelete sagrado do òrìṣá Ayrá, todo marchetado com símbolos ligados ao òrìṣá.

Confeccionado em metal prateado e em outros materiais.

Encontrado em seus ojúbós e também serve de adorno para o òrìṣá.

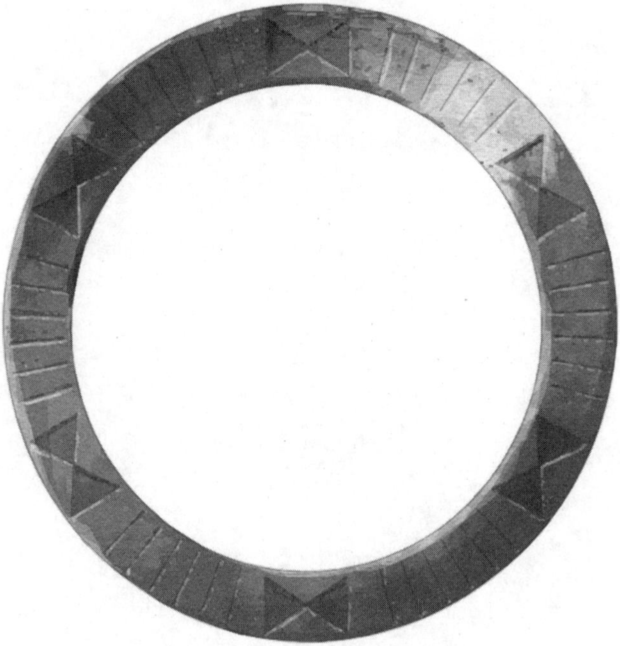

IRÍN ÒRÌSÁS
FUNFUN

IRÍN TITÉ | FERRAMENTAS SAGRADAS DOS ORIXÁS

PÒVARÍ OGIYÓN

Ferramenta sagrada encontrada no ojúbó de Ajagunà Bitiodè. Nela podemos encontrar o poder de caça do òrìsá Odé no culto a Osogiyón.

Confeccionado em metal prateado ou chumbo, em saídas públicas esta peça encontra-se sobre os atacãs.

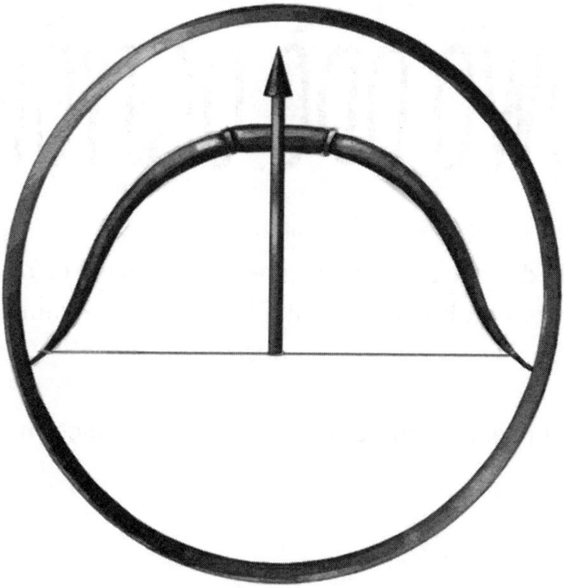

OWÒ ODÒ OGIYÓN

Símbolo de força e poder deste òrìṣá funfun, ora o encontramos em ojúbó, ora em um cinturão confeccionado em prata, na horizontal.

É confeccionado em metal prateado ou chumbo.

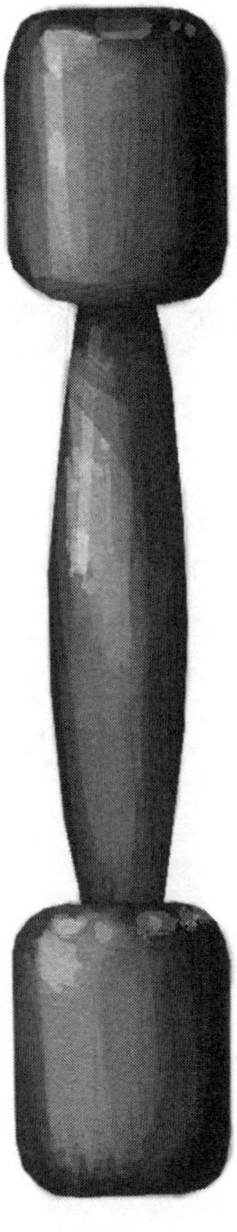

ÈWÒN OGIYÓN

A penca de Osogiyón é utilizada em seu assentamento ou adornando seu corpo sobre a indumentária.

Confeccionada em chumbo ou prata, poderá ter entre 30 e 90 centímetros.

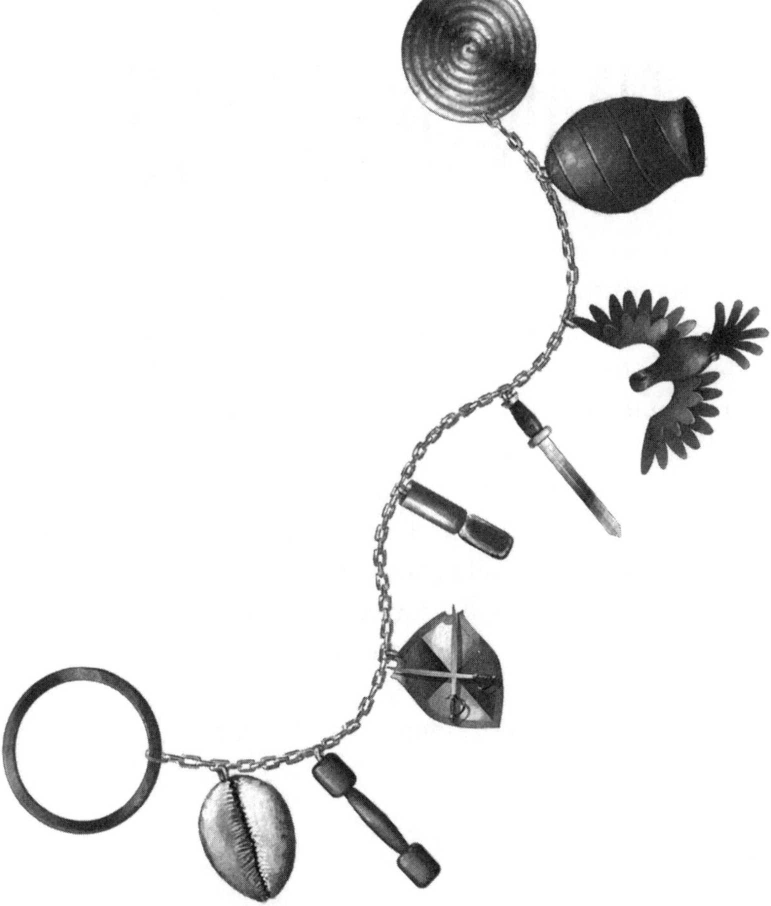

EDAN ÒRÌSÁ ÒKÒ

Nesta ferramenta, representativa do òrìsá Òkò, encontramos o poder da deidade nas peças de aradura, presenteadas pelo òrìsá Ògún ao òrìsá da agricultura Òkò, que em retribuição presenteou Ògún com o tubérculo inhame.

Òrìsá Òkò, patrono da agricultura e de tudo que germina (sementes e grãos), é também considerado um òrìsá fun-fun. Encontramos ainda em seu ojúbó duas telhas de calha, por onde escorre o ejé de seus sacrifícios, simbolismo de irrigação.

Confeccionada em chumbo.

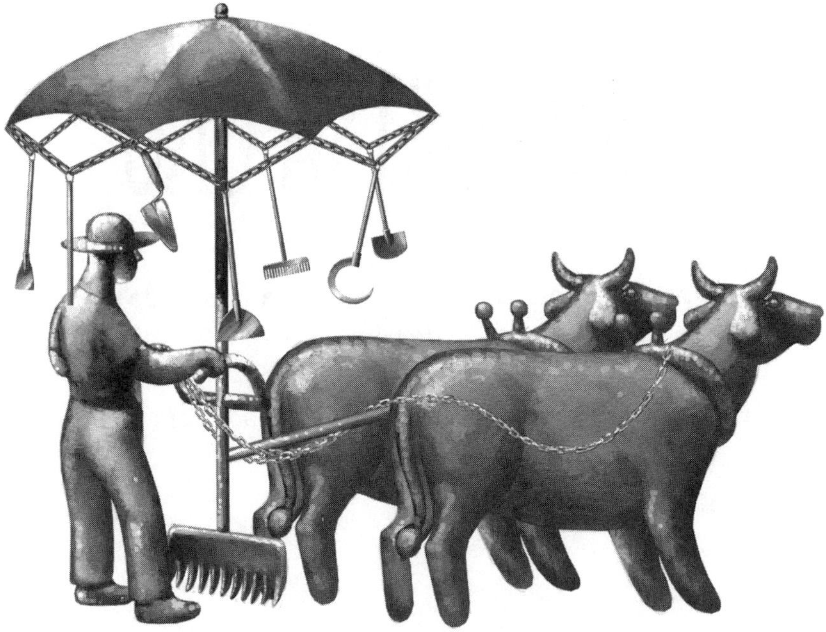

IRÍN TITÉ | FERRAMENTAS SAGRADAS DOS ORIXÁS

IRÍN ÒRÌṢÁ ÒKÒ

Ferramentas miniaturas de aradura e símbolos da divindade Òkò.

Encontradas em seu ojúbó, confeccionadas em chumbo.

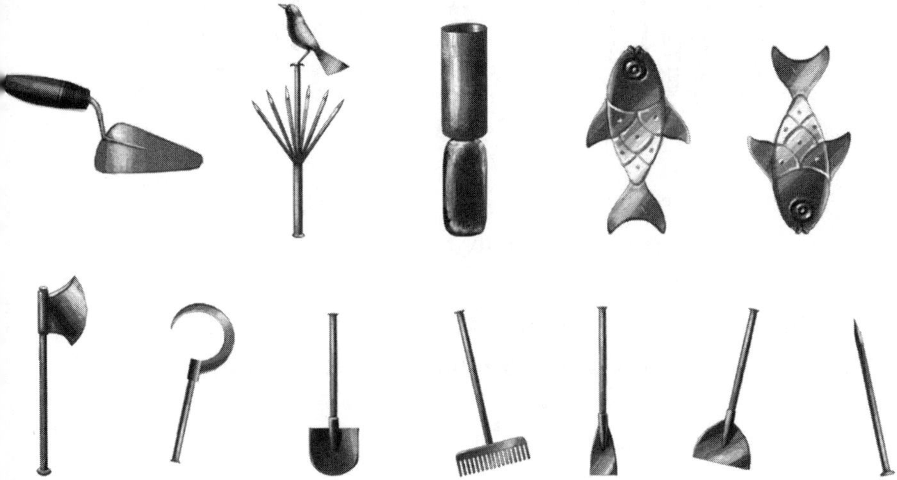

OWÒ OKÁ ÒRÌSALÁ

Ferramenta sagrada do òrìsá Òrìsalá/Obatalá, que explicita o poder desta divindade sobre o Ayé.

Nela encontramos o globo terrestre na palma da mão do òrìsá, demonstrando seu grande poder.

Peça confeccionada em chumbo e encontrada no ojúbó deste òrìsá.

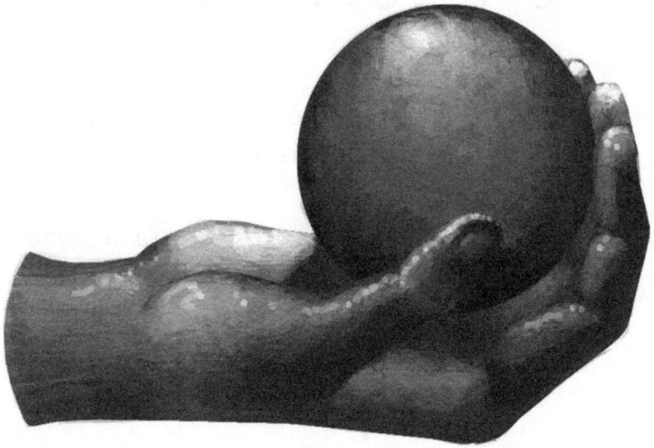

IRÍN TITÉ | FERRAMENTAS SAGRADAS DOS ORIXÁS

ODÒ ÒRUN ÒRÌSALÁ

Nesta peça, encontrada no ojúbó de Òrìsalá/Obatalá, podemos ver o pilão encaixado no divino.

Também é a demonstração de controle desta deidade sobre o mundo em que filho e pai assumem as rédeas.

Confeccionada em chumbo.

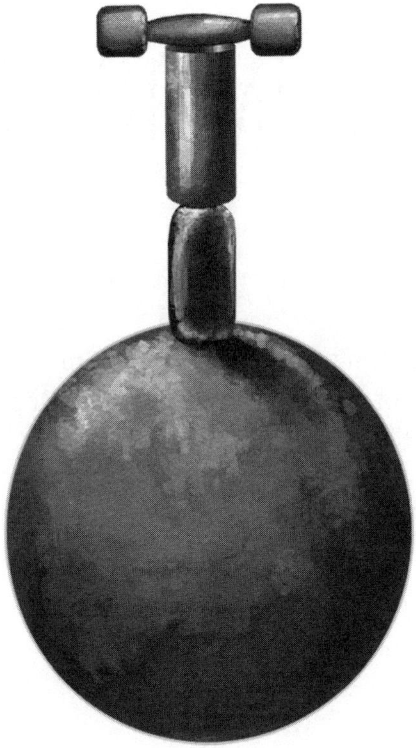

IRÍN TITÉ | FERRAMENTAS SAGRADAS DOS ORIXÁS

EYÉ ORUN ÓÒSÁÁLÁ

Peça sagrada de todos os òrìsás funfun.

É retratada por um globo terrestre encimado por uma pomba, representatividade plena de Óòsáálá.

Confeccionada em chumbo.

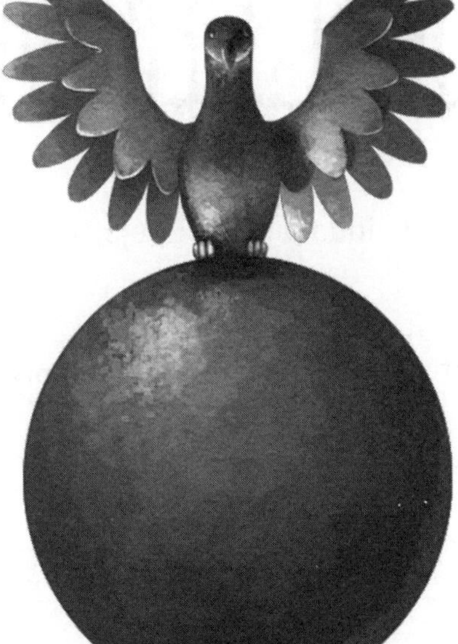

IRÍN TITÉ | FERRAMENTAS SAGRADAS DOS ORIXÁS

ÓGIGÍ EPEJÁ

Peça sagrada da divindade baba Epejá, òrìsá funfun patrono da pesca.

Confeccionada em chumbo ou prata.

ILÈ DARÈBÒ

Peça sagrada do ojúbó de baba Darèbò, divindade patrona do silêncio e da calma no ilè, principalmente por ocasião dos ritos das Águas de Óòsáálá.

Nesta peça, o teto da casa é solto, pois no interior dela encontram-se os okutás de baba Darèbò, que, em conjunto com outras peças, montam o ojúbó desta deidade.

Confeccionada em chumbo. Tem o tamanho aproximado de 8 centímetros de largura, 10 centímetros de comprimento e 10 centímetros de altura.

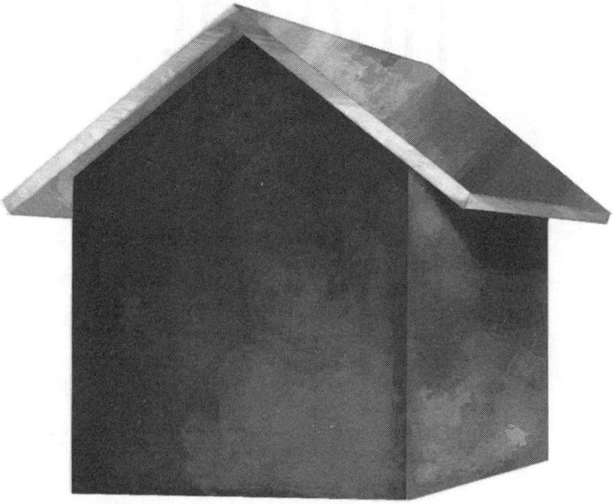

IRÍN TITÉ | FERRAMENTAS SAGRADAS DOS ORIXÁS

ODÒ OJE

Peça sacra pertencente ao ojúbó do òrìsá Osogiyón.

Confeccionada em chumbo ou prata.

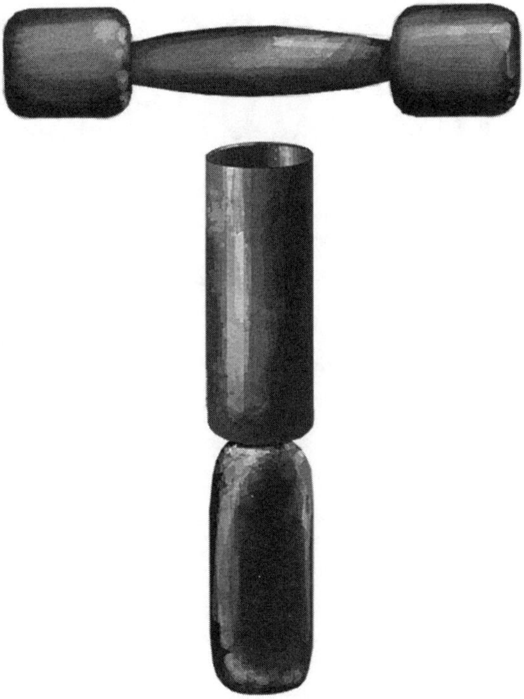

ÈWÒN ÓÒSÁÁLÁ

A penca de Óòsááhá é utilizada em seu assentamento ou adornando seu corpo sobre a indumentária.

É confeccionada em metal dourado, e poderá ter entre 30 e 90 centímetros.

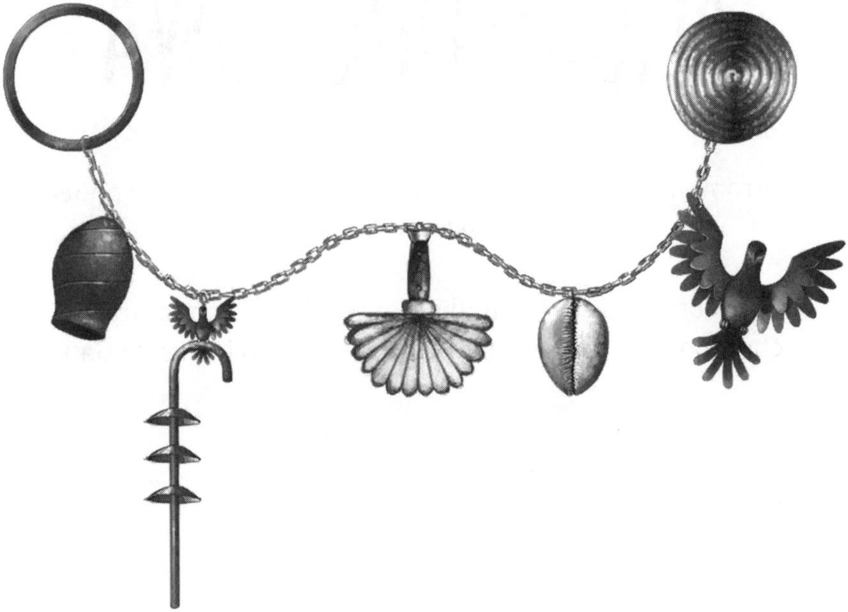

IRÍN TITÉ | FERRAMENTAS SAGRADAS DOS ORIXÁS

AGÒGÒ ODUDUWA

Ferramenta do òrìsá Oduduwa, determinante de seu poder sobre Òrun e Ayé.

É encontrada em seu ojúbó, confeccionada em prata ou chumbo. Tem em cada extremidade quatro bocas de Gàn.

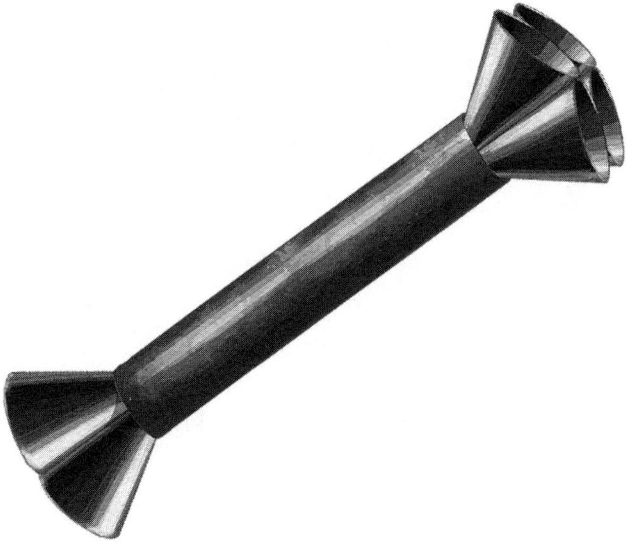

IRÍN TITÉ | FERRAMENTAS SAGRADAS DOS ORIXÁS

IRÍN ODUDUWA

Ferramenta sagrada da divindade Oduduwa, representa o seu punho que segura a mão de pilão, símbolo máximo de força.

Confeccionada em chumbo ou prata.

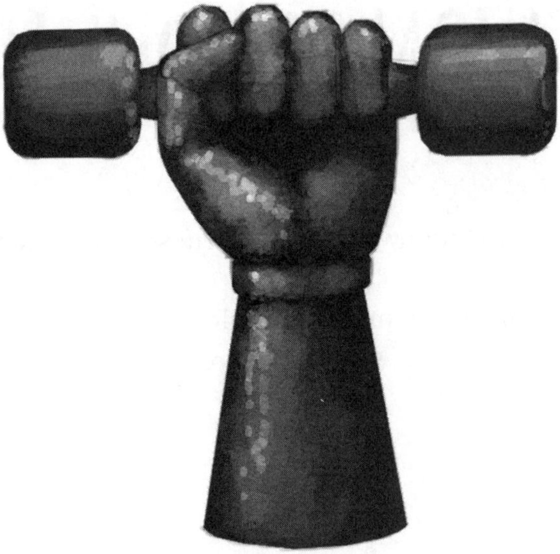

IRÍN TITÉ | FERRAMENTAS SAGRADAS DOS ORIXÁS

ÈWÒN ODUDUWA

A penca de Oduduwa é utilizada em seu assentamento.

É confeccionada em metal dourado e poderá ter entre 30 e 90 centímetros.

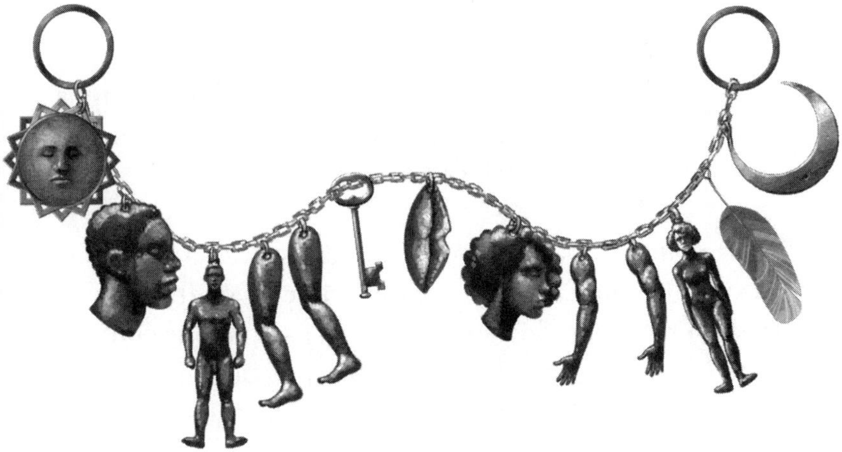

IRÍN TITÉ | FERRAMENTAS SAGRADAS DOS ORIXÁS

ÒPÁSÒRÒ

A ferramenta Òpásòrò, considerada apoio de Óòsáálá, foi a divisora dos dois mundos, Céu e Terra, distinguindo os dois patamares da criação dos seres humanos.

Esse cajado de apoio é confeccionado com uma haste de aproximadamente 1,10 metro, prateada, com quatro discos também prateados, dos quais pendem balagandãs simbólicos do òrìsá funfun, tais como igbins, pombinhas, estrelas etc. É encimado por uma linda pomba prateada no topo.

É símbolo de força ancestral masculina.

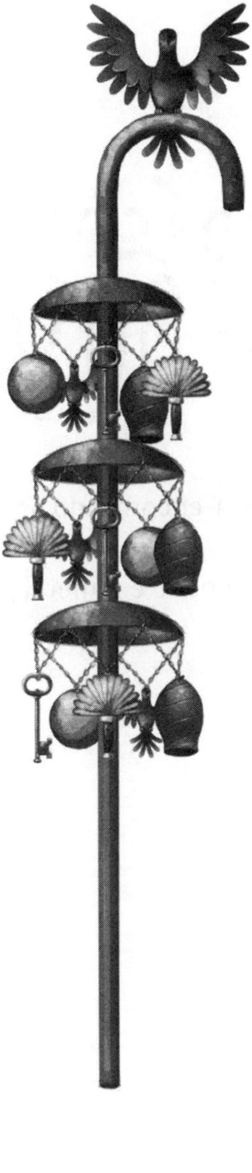

IRÍN TITÉ | FERRAMENTAS SAGRADAS DOS ORIXÁS

ABEBÉ ÓÒSÁÁLÁ

Símbolo de realeza, encontrado no culto a Óòsáálá.

É confeccionado em metal prateado.

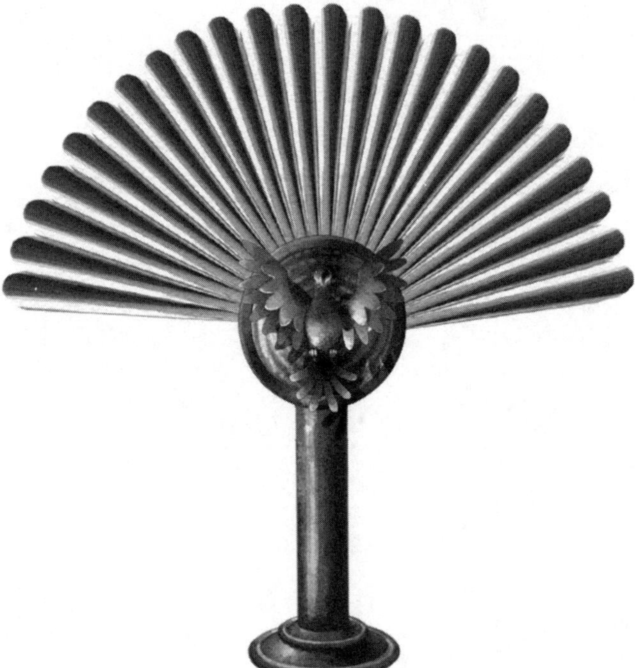

CONSIDERAÇÕES GERAIS

Após viajarmos ludicamente neste universo das ferramentas dos orixás, venho assinalar algumas informações de relevância na utilização do sagrado acima descrito.

É sabido do povo de santo que existe uma divindade conhecida como o ferramenteiro de todos os orixás. Este orixá recebe o epíteto de Alagbedé. Obviamente falamos do orixá Ogum.

É de conhecimento também que, nos primórdios, não havia o chamado processo de solda. Trabalhava-se a ferramenta com o processo de forja, no qual cada peça era feita artesanalmente pelos ferramenteiros, utilizando ventoinha, carvão em brasa, bigorna e martelo. Não havia na ocasião os tornos muito utilizados nos dias de hoje, mas apenas a força braçal do orixá Ogum.

Este processo não se limitava apenas à forja e à força física, mas também ao trâmite ritualístico. Ao término de cada peça, Ogum invocava a força da divindade Osaniyn e empregava como axé o omièró de uma das èwè mais sagradas do candomblé, o Akòkò, visto sua utilização para todos os orixás, sem exceção.

Hoje em dia, talvez nem todos os ferramenteiros se deem o trabalho de realização deste rito sagrado, atendo-se apenas à forja ou, na maioria das vezes, à solda. É cada vez mais raro encontrar ferramenteiros voltados para o sagrado.

Vivenciam-se em algumas casas tradicionais processos ritualísticos de imantação das peças, não somente no omieró. Na fase de lavagem de santo percebemos também o procedimento de passar pelas águas de waji, oxum, efun, afòtín, aluwá, omitòrò, agbèjèbó.

É importante ainda lembrar que o orixá Ogum abstém-se da água para os seus ferros. Toda necessidade de lavar Ogum se faz com a bebida intitulada Èmù (vinho de palma), em que poderão ser inseridos os demais elementos, tais como efun, òsún, waji, rapadura.

A fogueira, também utilizada para moqueação de ferros de alguns orixás, é um processo sagrado que se dá longe dos olhos de curiosos e especuladores, sempre de madrugada. É feita com 7 pedaços de madeiras específicas, arrumados de forma própria para este ato de moqueação, sempre com a quartinha do orixá ao lado, uma vela acesa e pessoas do sexo masculino batendo os alákòròs, os kalakolú e tocando o agògò em uma reza e cantiga específicas, que fazem alusão à forja do orixá Ogum.

O autor

AGRADECIMENTOS

Fica aqui minha eterna gratidão àqueles que direta ou indiretamente contribuíram ao longo dos anos para a minha formação sociocultural e religiosa. E que foram incansáveis junto a mim na busca do sustentáculo sem o qual não teríamos êxito.

Ao primogênito e hoje Baba Egbé Diogo de Logun Edé, que nas minhas andanças, idas e vindas confiou-me seu Orí sem pestanejar. E hoje é uma das maiores revelações do meu Axé, o Fruto Abençoado!

À Ekedjí Danielle de Karè, que estava predestinada a encontrar-se com a Nação do seu orixá pelas minhas mãos. Chegando ao Axé uma pedra bruta, transformando-se em uma joia lapidada, vertendo-se em bênçãos para o Axé! Incansável nas madrugadas, nas viagens e principalmente paciente quando me encontro no oposto.

Ao Babakèkèrè Júnior de Jagun, pupilo e aprendiz, aquele que leva em consideração cada letra e pontuação do aprendizado transmitido diariamente para o exercício de sua função junto àqueles que lhe confio como Omókèkèrè.

Agradeço enfim, e principalmente, a Iyá mí Ypondá, orixá que abrilhanta todos os dias de minha vida, fazendo-me perceber em cada peça bruta a possibilidade de transformação e metamorfose, energia que exalo em cada ponto do meu corpo. E a Baba mí Osogiyón, orixá que me rege desde a placenta e perdurará até os últimos dias de minha vida.

Babalòrìsá Mauro T'Òsún

GLOSSÁRIO

ABEBÉ. Leque.
ADAGA. Espada curta, alfanje.
ADÓ. Cabaça.
AGÒGÒ. Instrumento sagrado composto por sinos ou cones de metal.
AGUTAN. Carneiro.
AJAPÁ. Cágado.
AKORÒ. Capacete.
AKUAGBA. Deusa da fertilidade.
ALÁKÒRÒ. Dono do Capacete.
ALÓVI. Dedo, dedal.
ARO. Colar redondo.
BÍLÁLAS. "Chicotes" com que Òsóòsi fustiga e afugenta as moscas no dorso e corpo do cavalo; voltando-se para o plano espiritual, afugentaria os maus espíritos também.
DAN. Cobra.
DOJÉ. Foice.
EDAN. Boneco, escultura.
EGAN. Pena.
ERÉKÉ. Face, careta, máscara.
ESCRAVA. Pulseira formada por uma chapa de metal curva, em geral aberta, que se usa bem ajustada ao braço, lembrando uma algema.
ETÍ. Orelha.
ÈWÒN. Corrente.
EYÉ ÒRUN. Pássaro divino.
GÀN. Instrumento composto por cones de metal. Veja também Agògò.
GARATEIA. Aparelho de pesca formado por um conjunto de anzóis.
GBOJUTÓ. Nome do guerreiro protetor de Erinlé.
IBÓ. Pulseira mais grossa que as comuns, normalmente maciça e marchetada.
IBÓDAN. Circunferência formada por uma cobra mordendo o próprio rabo.
IDÁ. Espada.
IDÉ. Pulseira.
IKÓ. Lança.
ILÈ. Casa.
IRÍN. Ferro, ferramenta.
IWÓ. Chifres.

KA_SA_GBÓ. Ferramenta votiva da òrì-_sá_ considerada mãe de _S_àngó.
KERÉWÚ. Bracelete.
KONDÒ. Tipo de pulseira usada por Ò_s_ún, que não é inteiramente fechada.
LUPÍTO. Chave.
MAMA. Ferramente votiva da òrì_s_á considerada mãe de Ayrá.
MARIWO. Folha do dendezeiro. Como ferramenta, é o ferro votivo do òrì_s_á Ogún.
ODÉMÓTA. Arco e flecha das obírìn odé (mulheres caçadoras).
ODÒ. Pilão.
OFÁ. Arco e flecha.
ÓGIGÍ. Fisga, anzol.
OJE. Chumbo.
OKÁ. Bola.
ÓKÓ. Barco.
OKUTÁ IDÁ. Bigorna com uma espada acoplada.
OKUTÁ ÒGÚN. Bigorna.
ONIGBEJÁ. Escudo.
OPÁ. Apoio.
ÒRUN. Céu.
O_S_È. Machado.
OWÒ. Mão.
_S_ABÁ. Pronuncia-se Xabá. Conjunto de pulseiras contorcidas que compõem alguns assentamentos. Também nomeia popularmente as correntes com miniaturas de apetrechos dos orixás.
_S_ÉRÈ. Pronuncia-se Xére. Instrumento composto de uma bola de metal com miçangas dentro, produzindo um som similar ao do chocalho.

BIBLIOGRAFIA

ADEPEGBA, C. O. *Yoruba metal sculpture*. Ibadan: Ibadan University, 1991.

AUGRAS, Monique. *O duplo e a metamorfose*: a identidade mítica em comunidades nagô. Petrópolis: Vozes, 1983.

Este livro foi impresso em junho de 2014, na Edigráfica, no Rio de Janeiro.
O papel de capa é o cartão 250g/m² e o de miolo o offset 75g/m².

Ogué ntò n'unsò gbòiò. Ogué ntò n'usòghe wí!

Olòwò k'òròwò modè m'oró,
iná inà 'motá!

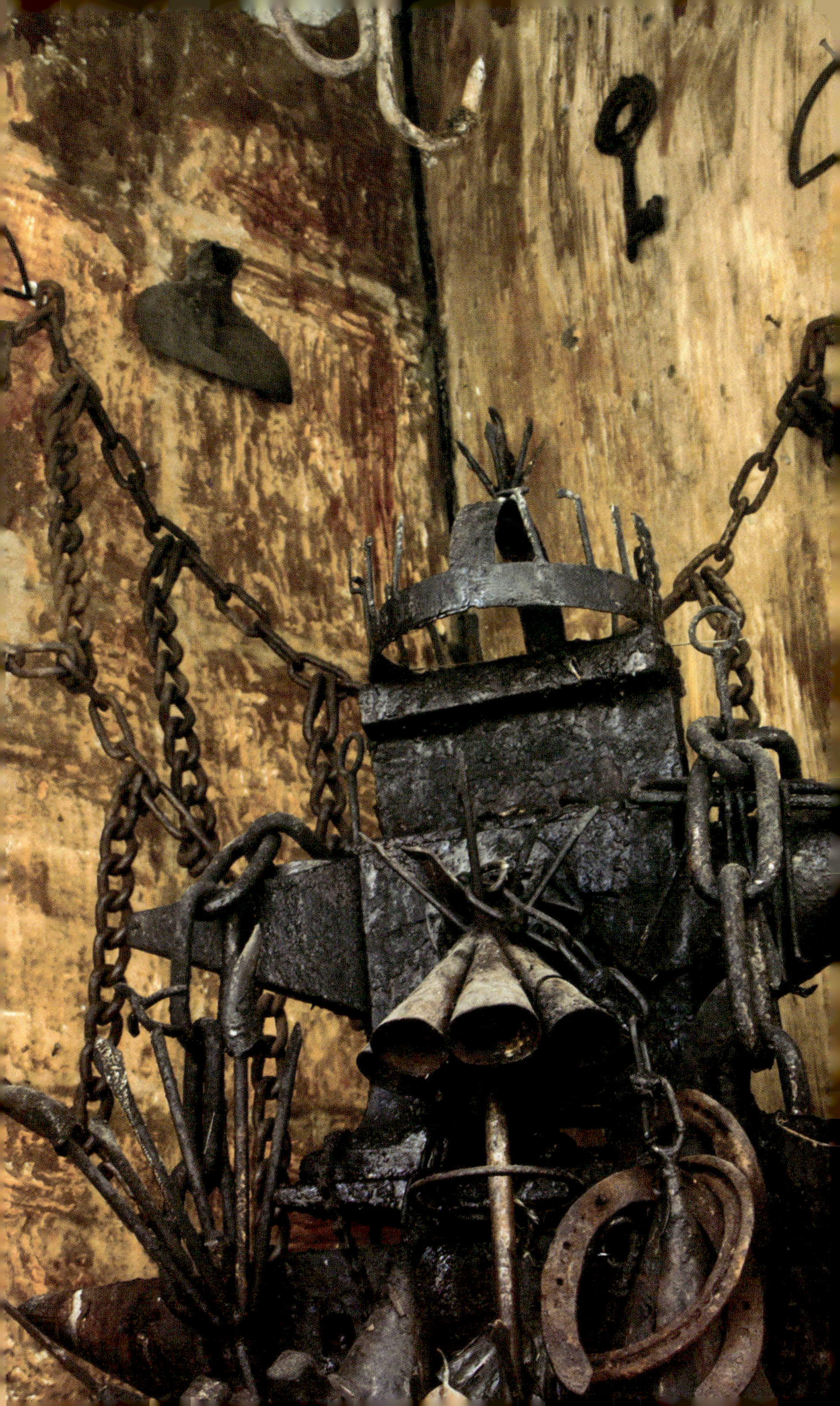

Ògún k'olásó mariwo l'asó e mariwo!

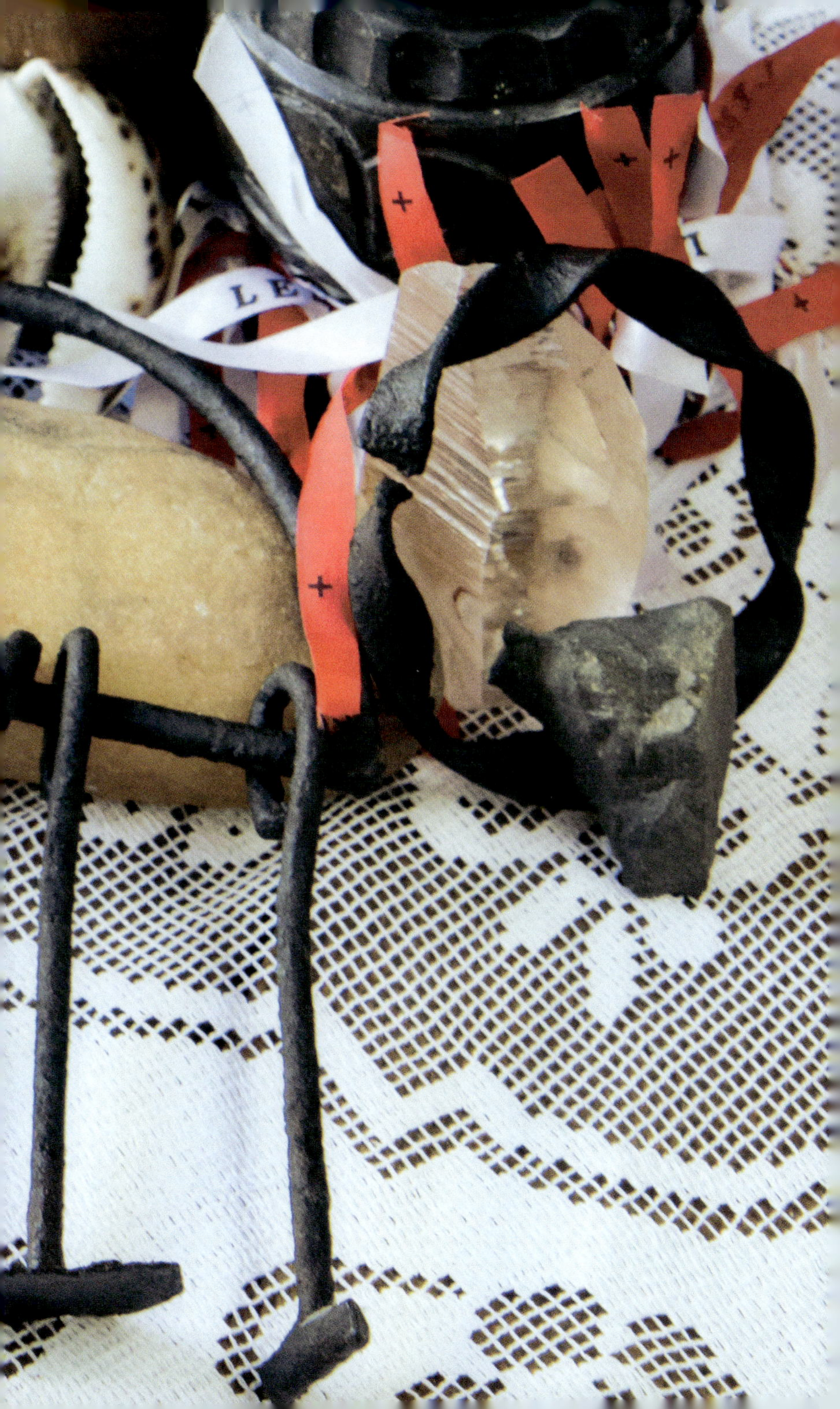

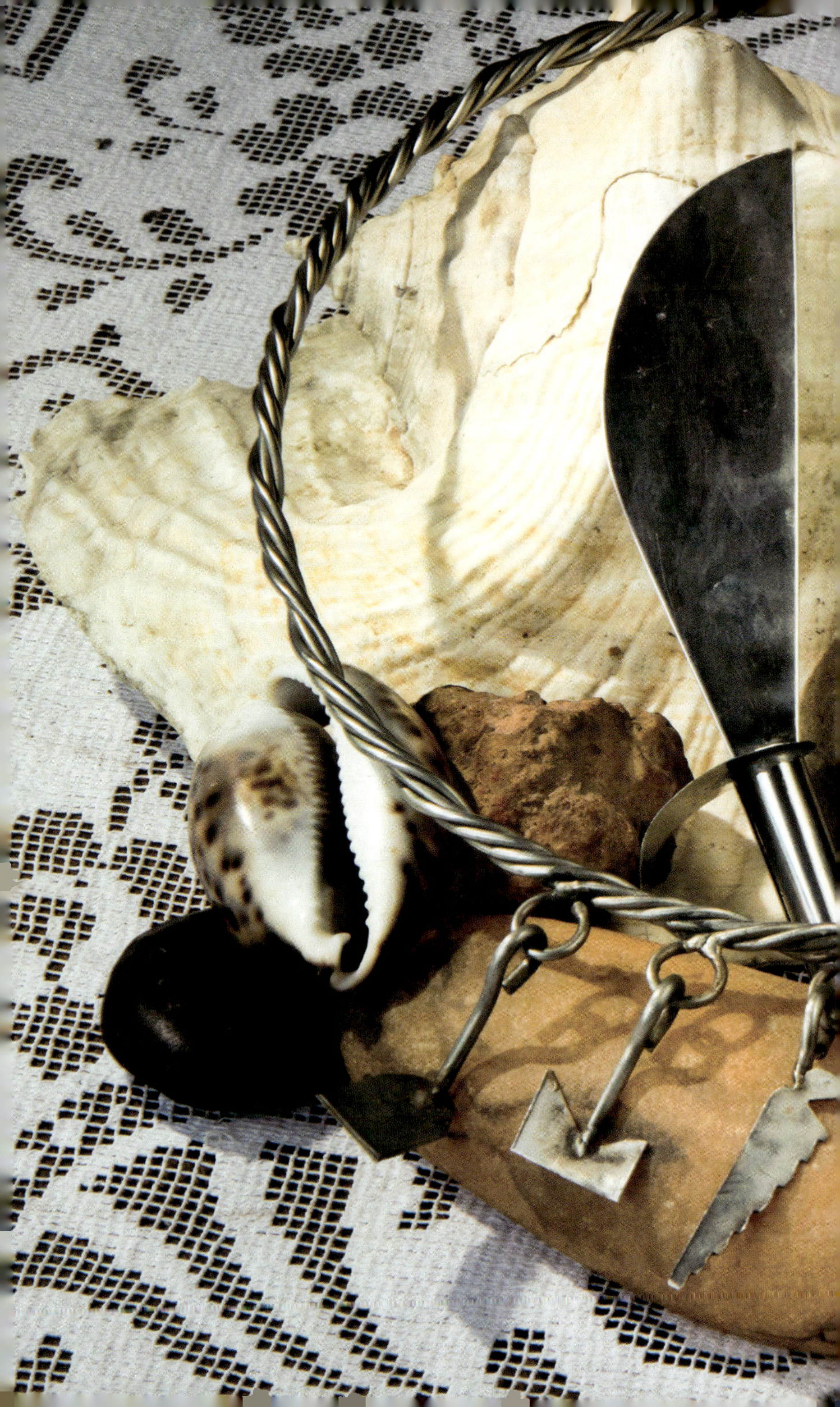

Yemoja Ògúnté m'ofórí okutá,
awá dè omí má dè ò!

Ofá mí l'okuè m'àgbò wá, m'àgbò wá insè!

Iyá Mama j'òbí òrìs̩á idè è!

Òrìṣá osí Oguèrá, Oguérá òrìṣá, òrìṣá k'imáwa ò!

Ajainpapò odé bí arò, bí arò odé!

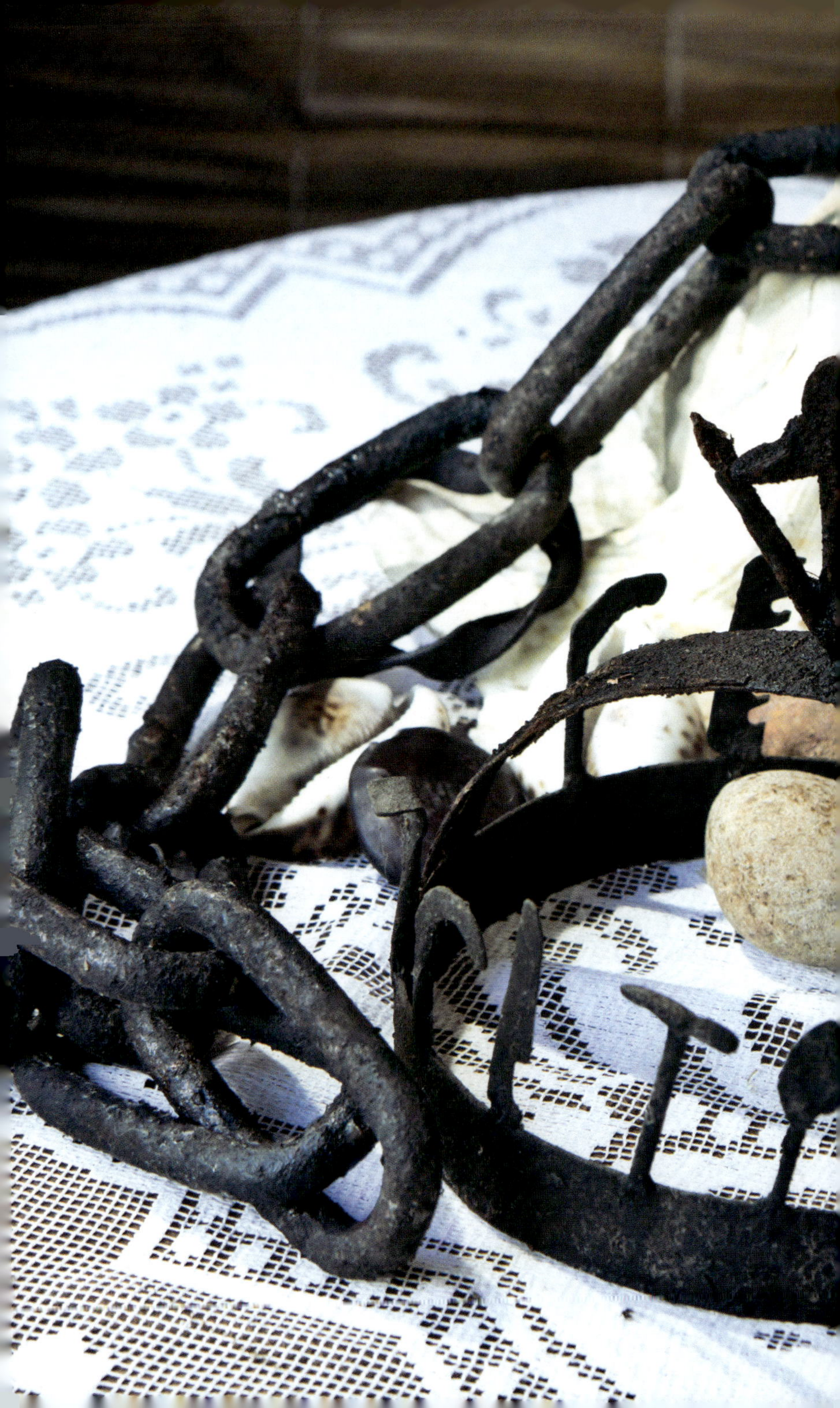

Akorò mà mojubá awò,
Ògún Akorò mojubá awò!

Erèwèrèwè ojé m'asá
obá bí osè obérí omà!

Baní k'olojá Baní gbúsè,
Baní gbúsè nbelokò!

Gbáilasè Oní iyá os̲è Baiyaní!

Orí iyé iyè ò! K'omá kun kòlásó!